Beck'sche Reihe
BsR 1016

D1998521

Wenn zur Zeit von Ausländern die Rede ist, von Ausländern in Deutschland, sind pauschalierende Schlagworte wie *Scheinasylanten, Überfremdung, Wirtschaftsflüchtlinge* nicht weit: Die Gemüter sind erhitzt, und kaum einer, der sich über Deutschlands „Ausländerproblem" den Kopf zerbricht oder Patentlösungen verkündet, weiß noch, daß die überwiegende Mehrzahl der unter und mit uns lebenden Ausländer gar kein Problem ist. Sondern sogar oft die Lösung des Problems – und zwar nicht nur dann, wenn wir wieder einmal Appetit auf Pizza haben, auf Gyros oder Döner.

Wie wichtig unsere ausländischen Mitbürger mittlerweile für uns geworden – und wie fremd sie uns leider immer noch geblieben sind, obwohl ohne sie längst „nichts mehr läuft" –, dem wird von Wolfgang Benz und seinen Mitarbeitern in 11 Beiträgen nachgegangen: und zwar in *beiden* Richtungen, der deutschen wie der ausländischen. Ob man aber über die Integrationsbemühungen von Gewerkschaften und Kirchen liest, über die Arbeit von Ausländerbeauftragten und kommunalen Ausländervertretungen, oder ob man die Lebensgeschichten der ehemaligen Gastarbeiter kennenlernt, ihre Arbeitsbedingungen in Familien- und in Großbetrieben, den Schulalltag ihrer Kinder und überhaupt ihre Sorgen und Hoffnungen: stets erfährt man, daß eine Integration von Ausländern in Deutschland keine Utopie ist, sondern vielerorts bereits Wirklichkeit.

Wolfgang Benz ist Professor für Geschichte an der Technischen Universität Berlin. Er veröffentlichte zahlreiche Bücher und Aufsätze zur Geschichte Deutschlands im 20. Jahrhundert. Im Verlag C. H. Beck hat er unter anderem herausgegeben: Die Juden in Deutschland 1933–1945 (^{3}1992); Dr. Seligmanns Auswanderung (1990); Das Exil der kleinen Leute (1991).

Integration ist machbar

Ausländer in Deutschland

Herausgegeben von
Wolfgang Benz

VERLAG C. H. BECK MÜNCHEN

Die Deutsche Bibliothek – CIP-Einheitsaufnahme

Integration ist machbar: Ausländer in Deutschland/hrsg. von Wolfgang Benz. – Orig.-Ausg. – München: Beck, 1993
(Beck'sche Reihe; 1016)
ISBN 3 406 37406 9

NE: Benz, Wolfgang [Hrsg.]; GT

Originalausgabe
ISBN 3 406 37406 9

Einbandentwurf: Uwe Göbel, München,
unter Verwendung einer Photographie von Martin Langer, Bielefeld
© C. H. Beck'sche Verlagsbuchhandlung (Oscar Beck), München 1993
Satz und Druck: Appl, Wemding
Printed in Germany

Inhaltsverzeichnis

Nachbarschaften

Anhang

Wolfgang Benz

Ausländer in Deutschland
Einleitung

Man müsse den Rechtsradikalen und ihren Presseerzeugnissen „gehörig auf die Finger klopfen, wenn sie weiterhin versuchen, mit dem Fremdenhaß ein politisches Geschäft in der Bundesrepublik zu machen", schrieb ein Mitglied des DGB-Vorstands, und auf Arbeitgeberseite hieß es, nichts tue mehr not „als eine sachkundige Aufklärung der deutschen Bevölkerung über Tatbestände und Notwendigkeiten der Ausländerarbeit, über Eigenart, Mentalität, Sorgen und Lebenssituation der fremden Arbeiter, die bei uns tätig sind, aber auch Aufklärung der Ausländer über das, was sie in der Bundesrepublik erwartet und was man von ihnen erwartet. Hier kann nicht genug getan werden, wenn verhindert werden soll, daß zum Schaden unserer Wirtschaft eine Ausländerfeindlichkeit aufkommt".

Das war vor mehr als zwanzig Jahren.[1] Doppelt so lange ist es her, daß die Väter des Grundgesetzes im Bonner Parlamentarischen Rat 1949 die These „Politisch Verfolgte genießen Asylrecht" zum Verfassungsschutz erhoben. Das generöse Prinzip war ein Reflex darauf, daß während der nationalsozialistischen Herrschaft in Deutschland mehr als eine halbe Million Deutscher gezwungen war, irgendwo im Ausland um Asyl zu bitten, um tödlicher Diskriminierung und Verfolgung zu entgehen. Aus politischen Gründen flohen Sozialdemokraten und Kommunisten, Liberale und Konservative, Pazifisten und intellektuelle Hitlergegner, aus „rassischen" Gründen suchten deutsche Juden, die erst zu Staatsbürgern zweiter Klasse degradiert, dann wirtschaftlich ruiniert und ausgeplündert worden waren, die schließlich ausgerottet werden sollten wie die Sinti und Roma und andere Unerwünschte, Aufnahme in fremden Ländern. Nur zu vielen gelang es nicht, eine neue Heimat zu finden, sie sind in den Vernichtungslagern des NS-Regimes in Auschwitz und Treblinka, Sobibor, Majdanek und an vielen anderen Orten ermordet worden. Ihr Schicksal war den Verfassungsvätern der Bundesrepublik Verpflichtung, einen gerichtlich nachprüfbaren Anspruch auf Zuflucht und Gastrecht in der Bundesrepublik im Grundgesetz zu verankern.[2]

Im dritten Jahr nach der Vereinigung von Bundesrepublik und DDR wird in Deutschland wieder Gewalt gegen Minderheiten geübt, dominieren Berichte über Haßausbrüche der Fremdenfeindschaft in den Medien. Was einer Handvoll fanatischer und militanter Rechtsextremisten vorbehalten schien, die ausländerfeindliche Parolen der rechtsradikalen Presse als Handlungsanweisungen verstanden – der Anschlag auf eine Unterkunft von Asylbewerbern bei Stuttgart im August 1980 war ein trauriges Exempel dafür –, das schien seit Hoyerswerda im Herbst 1991 fester Bestandteil des deutschen Alltags zu werden. Ausländerfeindliche Exzesse vor aller Augen unter dem Beifall der Anwohner, Pogromstimmung, eine als Obrigkeit empfundene Staatsmacht, die sich hilflos verhält, Organe der öffentlichen Ordnung, die sich, vom Polizisten bis zum Innenminister, beschämend handlungsunfähig und bestürzend inkompetent zeigen, führten im Sommer 1992 in Rostock zur moralischen Katastrophe.

Das Verhalten der Obrigkeit, die aus den Vorgängen zunächst nur die Lehre zieht, daß die Zeit für die Demontage des Asylrechts günstig ist und „die Ausländerfrage" zum Problem stilisiert, bestärkt die Krawallmacher und Attentäter. Politiker, die bekümmert den Schaden für die deutsche Reputation im Ausland konstatieren, aber mit wirksamer Abwehr zögern, versetzen die Fremdenfeinde, die Rechtsradikalen und ihre Gefolgschaft vor den Ausländerheimen, in einen Erfolgsrausch, der immer neue Täter anspornt.

Die Ausschreitungen mögen erklärbar sein mit Angst und Frustration, die manche Deutsche befallen haben. Angst macht intolerant und illiberal, das gilt für die Menschen in Westdeutschland nicht weniger als für die Bürger der ehemaligen DDR. Die Exzesse dort mögen auch erklärbar sein aus dem Darstellungsbedürfnis einer radikalen Minderheit, die sich lang gewohnter obrigkeitsstaatlicher Fesseln ledig fühlt und der ein hilflos und unsicher gewordener polizeilicher Abwehrapparat gegenübersteht. Erklärbar sind die Attacken auf Ausländer aber auch als eine Art Stellvertreterkrieg, der gegen die eigenen Eltern, gegen arrogante Westdeutsche geführt wird, und der die Angst zur Ursache hat, sich im neuen Deutschland am untersten Ende der sozialen Skala wiederzufinden.

Entschuldbar sind die Gewaltakte mit solchen Erklärungsversuchen aber ebensowenig wie ihr Beginn: die Kultivierung von Vorurteilen und ihre Anwendung im politischen Tagesgeschäft. Was traditionell zu den Rezepten der Rechtsextremisten gehört, nämlich die Beschwörung von Spießerängsten, artikuliert in den Phrasen von der „Überfremdung", vom „Ausverkauf deutscher Interessen", vom Mangel an „Nationalbewußtsein", brachte in einer geringfügig gesellschaftsfähiger daherkommenden Form, populistisch aufbereitet und demagogisch verkauft, politische Erfolge.

Demagogen im Maßanzug geben an Schreibtischen und vor Mikrophonen die Parolen aus, die von Leuten in Bomberjacken und Springerstiefeln auf den Straßen und nachts vor Ausländerwohnungen in die Tat umgesetzt werden. Wenn dann die Unterkünfte der Asylbewerber brennen, wenn Ausländer mißhandelt sind, dann fallen die in den Bomberjacken als Schuldige in die Hände von Polizei und Justiz – die telegenen Biedermänner in Nadelstreifen beeilen sich, zu dementieren, was sie gestern gemeint haben und morgen wieder meinen: Fremdenhaß und Ausländerfeindschaft dienen ihnen als Antrieb und Bindemittel für rechtsextreme Ziele. Ihr Streben nach dem autoritären Staat, in dem Ruhe und Ordnung die höchsten Tugenden sind, in dem spießbürgerlicher Provinzialismus und kleinliches Muckertum den Ton angeben, möchte die schönsten Errungenschaften unserer politischen Kultur, nämlich Weltoffenheit, Toleranz, Liberalität, durch den Rückfall in deutschnationale Dumpfheit ersetzen. Seit Jahr und Tag propagiert das Führungspersonal von Republikanern und „Deutscher Volksunion", von NPD und anderen rechtsextremen Parteien und Organisationen im Verein mit Neonazi-Gruppen und schlichten Stammtischpolitikern eine Steigerung des Selbstwertgefühls durch die Stimulierung von deutschtümelndem Nationalismus, verbunden mit der Diskriminierung Andersdenkender, gipfelnd in den Schlachtrufen „Ausländer raus" und „Deutschland den Deutschen". Einen Moment lang schien es, als hätten sie Erfolg, als seien die Zeichen von Hoyerswerda und Rostock, als biedere Bürger dem Terror gegen Minderheiten applaudierten, Signale des Aufbruchs in neue Barbarei.

Eindrucksvoll begann im Herbst 1992 aber die Gegenwehr der Mehrheit, die sich durch Demonstrationen, Lichterketten, Aufrufe, Solidaritätsbekundungen, Zeitungsanzeigen von Fremdenfeindlichkeit und Rassismus distanzierte. Die Ermordung der Türkin Bahide Arslan, ihrer 14jährigen Nichte Ayse Yilmaz und ihrer 10jährigen Enkelin Yeliz Arslan in der Nacht zum 23. November 1992 in Mölln hat auch die schweigende Mehrheit mobilisiert. Beteuerungen der Betroffenheit lösen die Probleme allerdings noch nicht.

Die Probleme sind vielfältig und haben – von den Exzessen der Fremdenfeindschaft ganz abgesehen – eine reale Dimension und eine fiktive; sie liegen auf zwei Ebenen, die ganz unterschiedliche Perspektiven bedingen – zum einen sind es Schwierigkeiten der Deutschen mit „den Ausländern", zum anderen die der Ausländer in Deutschland. Beides hängt wiederum von Herkunft, Status und einer ganzen Menge anderer Faktoren ab. Und all diese Bestandteile der Ausländerproblematik, die ursächlich gar nicht miteinander zusammenhängen, haben sich längst vermischt zu einem diffusen Gemenge.

Tatsache ist, daß in Deutschland etwa 6 Millionen Ausländer mit unterschiedlichen rechtlichen Status, auf verschiedenen Stufen der Integration leben, und Tatsache ist auch, daß der Zustrom von Flüchtlingen, die in Deutschland politisches Asyl suchen, beängstigende Ausmaße angenommen hat: Waren es im Durchschnitt der vergangenen Jahre etwa je 100 000 Menschen, so stieg 1992 die Zahl fast auf das Vierfache. Die Problematik der Asylbewerber hat mit dem Status- und Integrationsproblem der angeworbenen Gastarbeiter, der ausländischen Studenten und Wissenschaftler, der hier lebenden Angestellten multinationaler Konzerne und den hier seit langem wohnenden, oft hier geborenen Familienangehörigen unmittelbar aber gar nichts zu tun.

Gegenüber allen Ausländern gibt es jedoch fremdenfeindliche Fiktionen und zu Neurosen verdichtete Abwehrhaltungen. Gegenüber der einen Gruppe wird der Lehrsatz „Deutschland ist kein Einwanderungsland" deklamiert, den anderen schallt es entgegen, das Boot sei voll. Beides ist nicht richtig. Von beiden Legenden ist, je eher, desto besser, Abschied zu nehmen. Die „Beauftragte der Bundesregierung für die Belange der Ausländer", Cornelia Schmalz-Jacobsen, eine Politikerin, die es schon von Amts wegen wissen muß, konstatiert den wahren Sachverhalt mit aller Deutlichkeit: „Angesichts von 6 Millionen Ausländern in Deutschland zu leugnen, daß hier de facto Einwanderung stattgefunden hat, ist eine Lüge wider den Augenschein". Und sie fügte hinzu, worum es in der Praxis geht: „Ein Viertel der Ausländer leben bereits länger als 20 Jahre hier und beinahe die Hälfte 15 Jahre und mehr. Zwei Drittel aller Ausländer-Kinder sind in Deutschland zur Welt gekommen und werden zum größten Teil auch hier bleiben. Dieser Tatsache muß die Bundesrepublik endlich – vor allem in ihrem Staatsbürgerschaftsrecht – Rechnung tragen, wenn sie nicht über Generationen hinweg „Ausländer" reproduzieren will, die längst gar keine mehr sind".[3]

Der CDU-Politiker Heiner Geißler meint, wahrscheinlich nicht im Konsens mit allen Parteifreunden, daß diese Menschen längst keine „Gäste" mehr seien, sondern Mitbürger. Gemessen an der Wirklichkeit in Deutschland sei der Begriff Ausländer „ein schlechter Witz". In Wahrheit handele es sich bei den meisten um „Inländer ohne deutschen Paß". Man habe in Deutschland noch nicht vollständig begriffen, „daß kontrollierte Einwanderung keine Gefahr bedeutet, sondern eine Chance zur ökonomischen und intellektuellen Erneuerung unserer Gesellschaft".[4]

Die Demographen haben längst vorgerechnet, daß „die Deutschen" ebenso wie ihre europäischen Nachbarn ein Volk sind, das aufgrund seiner Geburtenrate ständig abnimmt. Den Notwendigkeiten des Arbeitsmarktes folgend, hat man sowohl in der

Bundesrepublik wie in der DDR (freilich in ganz unterschiedlicher Größenordnung) Arbeitskräfte im Ausland angeworben, im Westen nannte man sie „Gastarbeiter“ im Osten „Vertragsarbeiter“. Daß Arbeitskräfte auch Menschen sind, daß ihre Anwerbung und ihr Aufenthalt in Deutschland Konsequenzen für alle Beteiligten haben mußte, die nicht nur sozialpolitisch, steuerrechtlich, rentenversicherungstechnisch abzuhandeln waren, hat man offensichtlich nicht bedacht, als das Arbeitskräftereservoir der Bundesrepublik im Zeichen des Wirtschaftswunders zu versiegen begann.

Das erste Anwerbeabkommen wurde mit Italien im Jahre 1955 abgeschlossen, ihm folgten Anwerbeverträge mit Spanien und Griechenland (1960) und der Türkei 1961. Einen Teil der fehlenden Arbeitskraft stellten bis 1961 die Flüchtlinge aus der DDR, der hochwillkommene Zustrom endete jedoch mit dem Bau der Berliner Mauer. Bis zum Anwerbestop im November 1973 expandierte die Ausländerbeschäftigung, angeworben wurde auch in Portugal (1964), Tunesien (1965), Marokko (1963 und 1966), Jugoslawien (1968). Alle glaubten, die Arbeitsmigration sei vorübergehend, die „Gastarbeiter“ würden irgendwann in ihre Heimat zurückkehren. Für viele Italiener der ersten Stunde traf das auch noch zu. Die erste Rezession der Bundesrepublik 1966/67 brachte noch kaum einen Vorgeschmack auf kommende Probleme, auf mögliche Arbeitslosigkeit ausländischer Arbeitnehmer in Deutschland.[5] Von der Notwendigkeit, diese Menschen in die deutsche Gesellschaft zu integrieren, sprachen nur wenige. Daß die Integration von Zuwanderern in großer Dimension möglich ist, wurde aber gerade in Deutschland nach dem Zweiten Weltkrieg eindrucksvoll bewiesen. Bis in die 80er Jahre sind rund 15 Millionen Neubürger in der Bundesrepublik aufgenommen worden, Flüchtlinge, Vertriebene, Aussiedler, Übersiedler, unter ihnen zahlreiche Menschen, denen das Eingewöhnen kaum leichter fiel als den „Ausländern“.[6]

Heiner Geißlers Plädoyer für eine integrative Ausländerpolitik, seine Forderung, die Einwanderung in Deutschland zu legalisieren und zu forcieren, steht im Einklang mit der Erkenntnis der Experten, aber die meisten Politiker wollen diese Einsicht nicht teilen, geschweige denn dafür bei ihren Wählern Werbung treiben. Die Einsicht in die Notwendigkeit der Integration von Ausländern ist etwas anderes als die gefühlvolle Proklamation einer zu erstrebenden multikulturellen Gesellschaft, sie ist mehr als ein philantropisches Bekenntnis. Die multikulturelle Gesellschaft existiert längst in Deutschland, auch wenn die rechtlichen Konsequenzen daraus noch verweigert werden und obwohl so viele die Augen vor dieser Realität schließen.

Volkswirtschaftliche Daten weisen jenseits aller Emotionen die Richtung. Ganz abgesehen davon, daß ausländische Arbeitnehmer in manchen Sparten der Dienstleistungsgesellschaft vollkommen unentbehrlich sind – in München besteht das Pflegepersonal in den Kliniken zu 20 % aus Ausländern, bei der Straßenreinigung sind es 70 %, in anderen Städten ist es kaum anders –, macht die deutsche Volkswirtschaft dank deren Schaffenskraft erheblichen Gewinn, der sich in Zahlen ausdrückt. Das Sozialprodukt der Bundesrepublik hat sich 1991 aufgrund der Zuwanderung von ausländischen Arbeitnehmern um 5 % erhöht. Das entspricht einem Aufkommen an Steuern und Sozialabgaben von 13 Milliarden DM.

Im Jahre 1989 flossen 12,8 Milliarden DM an Beiträgen ausländischer Arbeitnehmer in die Kassen der Rentenversicherung. Ausgezahlt wurden an ausländische Rentner aber nur 3,7 Milliarden DM. Der Überschuß stellt einen beträchtlichen Beitrag zur Finanzierung der deutschen Renten dar. Mit anderen Worten: Der Generationenvertrag, nach dem die nachwachsenden jüngeren Arbeitnehmer mit ihren Beiträgen in die Rentenkasse die Altersversorgung der aus dem aktiven Erwerbsleben Ausgeschiedenen finanzieren, wird in absehbarer Zeit ohne die Leistungen ausländischer Arbeitnehmer und ohne weitere Zuwanderung nicht mehr funktionieren. Deutschland braucht Einwanderer zur Sicherung seines sozialen Systems, denn mit Rezepten der Blut- und Bodenideologie, etwa mit der Propagierung größerer Fortpflanzungsfreudigkeit der Deutschen, werden sich die Löcher im sozialen Netz nicht stopfen lassen.

Die Leistungen aus der Rentenkasse an die Ausländer sind übrigens auch der Höhe nach viel geringer als die Zahlungen an

Deutsche im Ruhestand. Diese erhalten im Durchschnitt 1133 DM, die ausländischen Rentner bekommen wegen ihrer kürzeren Gesamtarbeitszeit in Deutschland weniger als die Hälfte, nämlich durchschnittlich 504 DM. Im Jahr 1992 gab es insgesamt 838 000 ausländische Rentner, davon lebten 725 000 wieder in ihrer ursprünglichen Heimat, 113 000 wohnten in Deutschland. Auch der Durchschnittsverdienst der Ausländer liegt mit 31 600 DM jährlich deutlich unter dem der Deutschen mit 34 500 DM.

Im Juni 1991 schrieb die damalige Ausländerbeauftragte der Bundesregierung, Liselotte Funcke, dem Bundeskanzler einen Brief, in dem sie ihren Rücktritt nach mehr als zehnjähriger Tätigkeit begründete. Sie fühlte sich bei den Bemühungen um die Integration ausländischer Mitbürger nicht unterstützt, mit lediglich vier Mitarbeitern des höheren Dienstes, ohne Sachbearbeiterstellen, ohne zusätzliches Personal für die neuen Bundesländer unzulänglich ausgestattet, ohne hinlängliche Kontakte zur Bundesregierung, ohne wesentliche Beteiligungsmöglichkeit bei der Vorbereitung von Gesetzen, als Institution kaum wahrgenommen und insgesamt fast wirkungslos.

Ihren Rücktritt verstand Liselotte Funcke als Aufforderung, nicht nur das Amt der Ausländerbeauftragten den Bedürfnissen entsprechend auszustatten und besser zu strukturieren, sondern auch Perspektiven zur Einwanderungs- und Integrationspolitik zu erarbeiten. Sie sehe sich auch zunehmend in der fatalen Lage, bei internationalen Konferenzen und Gesprächen die deutsche Seite vertreten zu müssen, „ohne Konzepte der Bundesregierung zu den Fragen der Integration und der fortschreitenden Zuwanderung zu kennen".

Die amtliche Ratlosigkeit beschränke sich aber nicht auf Bonn: „In dem Bemühen um die Integration der ausländischen Bevölkerung und in der Abwehr von Ausländerfeindlichkeit fühlen sich die Ausländerbeauftragten von Bund, Ländern und Gemeinden mit all denen, die haupt- oder nebenberuflich in Verbänden oder Initiativen für ein friedliches Zusammenleben in der Gesellschaft arbeiten, von offizieller Seite weithin allein gelassen. Die ausländische Arbeitnehmerbevölkerung sieht sich einer wachsenden Abwehr in der deutschen Bevölkerung und sogar tätlichen Angriffen ausgesetzt, ohne daß von politischer Seite ihre Anwesenheit begründet und ihre erwiesenen Leistungen gewertet werden. Ermutigungen zur Integration sind kaum erkennbar, ebensowenig wirksame Maßnahmen und ausreichender Schutz gegen fremdenfeindliche Jugendbanden".[7]

Als Liselotte Funcke dies schrieb, war es schon spät genug. Es sei zu befürchten, daß die zunehmende Beunruhigung in der deutschen und die Enttäuschung in der ausländischen Bevölkerung zu Entwicklungen führen werde, die immer schwerer beherrschbar seien. „Die wachsende Fremdenfeindlichkeit in den fünf neuen Bundesländern ist ein Alarmsignal". Man hat es, ein paar Wochen vor Hoyerswerda, mehr als ein Jahr vor Rostock, nicht hören wollen. Seit den Morden von Mölln gibt es viele Anstrengungen, Sympathie zu ausländischen Arbeitnehmern zu stiften, auch ihre Leistungen zu würdigen. Der Chef der Daimler-Benz AG, Edzard Reuter, appellierte in riesigen Zeitungsannoncen im Dezember 1992 für Weltoffenheit und Toleranz: „Unsere 100000 ausländischen Kolleginnen und Kollegen sind hoch geschätzt und gut integriert. Sie leisten seit vielen Jahren einen ganz wesentlichen Beitrag zur wirtschaftlichen Entwicklung unseres Unternehmens".[8]

So gut integriert sind die „Ausländer" freilich nicht in unserer Gesellschaft. Niemand geringeres als das Bundesverfassungsgericht hat Ende Oktober 1990 die Ausgrenzung festgeschrieben, die durch die Gewährung des kommunalen Wahlrechts ein Stück weit beseitigt werden sollte. Die Länder Hamburg und Schleswig-Holstein hatten Integrationsarbeit leisten wollen und die Kluft zwischen stimmberechtigten und stimmlosen Bürgern auf kommunaler Ebene zuschütten wollen. Die Mitbürger ohne deutschen Paß sollten mitreden können, wenn es im untersten politischen Bereich der Entscheidungen um Belange auch ihres Alltags geht. Die Verfassungsrichter verstiegen sich zu einer seltsamen Begründung ihres Urteils: „Wahlen, bei denen auch Ausländer wahlberechtigt sind, können demokratische Legitimation nicht vermitteln". Schlimmer als das Abstruse dieses Richterspruchs ist seine Wirkung in der Praxis. „Dieses Urteil", schrieb

Heribert Prantl dazu in der ‚Süddeutschen Zeitung', „stellt Menschen ins Abseits, die seit Jahren und Jahrzehnten in Deutschland leben und arbeiten. Es grenzt selbst jene aus, die hierzulande geboren sind, aber den falschen Paß besitzen, Türken und Italiener, Franzosen und Griechen gehören, so sagen die Richter, nicht zum Volk und auch nicht zur örtlichen Gemeinschaft".[9]

Die amtliche Haltung der Verweigerung korrespondiert mit Vorurteilen und Vorbehalten in der Bevölkerung, die Ausfluß grundloser Bedrohungsängste und mangelnder Kenntnis sind. „Die Türken drohen uns, noch eine Million Türken nach Berlin zu holen, und dann wollen sie uns Deutsche aus Berlin jagen", schrieb jemand an das Büro der Ausländerbeauftragten in Bonn. Jemand anderes klagt, „wir finanzieren unsere eigene Überfremdung, wir wollen eine Volksabstimmung, ob Ausländer weiterhin Kindergeld bekommen sollen".[10]

Das von Demagogen gern erzählte Märchen von der hohen Ausländerkriminalität, die Neid erweckenden Legenden von unverdienten Sozialleistungen an Ausländer, das dumpfe Beharren auf deutsch-völkischem Rassedenken stärkt solche Haltungen der Abwehr, festigt Feindbilder, soll Integration verhindern. Integration aber ist unumgänglich. Integration ist aber auch machbar – das zu zeigen ist das Anliegen der Autoren dieses Buches, dessen Beiträge den mühsamen Alltag und die Probleme des Zusammenlebens zum Gegenstand haben.

1 Zit. nach: Siegmar Geiselberger (Hrsg.): Schwarzbuch: Ausländische Arbeiter. Frankfurt a. M. 1972, S. 161 f.

2 Vgl. Hans-Peter Schneider: Das Asylrecht zwischen Generosität und Xenophobie. Zur Entstehung des Artikels 16 Absatz 2 im Grundgesetz im Parlamentarischen Rat. In: Jahrbuch für Antisemitismusforschung 1 (1992).

3 Mitteilungen der Beauftragten der Bundesregierung für die Belange der Ausländer. Bonn 14. 7. 1992.

4 Heiner Geißler: Deutschland – ein Einwanderungsland? In: Arne Klein (Hrsg): Die Rede von der multikulturellen Gesellschaft. Kontroversen, Dimensionen, Strategien. Berlin 1992.

5 Hartmut Esser: Gastarbeiter. In: Wolfgang Benz (Hrsg.): Die Geschichte der Bundesrepublik Deutschland. Band 2: Wirtschaft. Frankfurt a. M. 1989, S. 326–361.

6 Vgl. Klaus J. Bade (Hrsg.): Deutsche im Ausland – Fremde in Deutschland. Migration in Geschichte und Gegenwart. München 1992.

7 Liselotte Funcke an Bundeskanzler Helmut Kohl, 7.6. 1991. In: Klaus J. Bade (Hrsg.): Ausländer, Aussiedler, Asyl in der Bundesrepublik Deutschland. Hannover [2]1992, S. 170.

8 Süddeutsche Zeitung vom 9. 12. 1992.

9 Heribert Prantl: Arbeiten und den Mund halten. In: Süddeutsche Zeitung vom 2. 11. 1990.

10 Beate Winkler: Spannungsfelder des Zusammenlebens. In: Dies. (Hrsg.): Zukunftsangst Einwanderung. München 1992, S. 62.

Institutionen und Strukturen

Angelika Schardt

Zwischen Verwaltung und Politik: die Berliner Ausländerbeauftragte als Anwältin der Integration

„Miteinander leben in Berlin" – dem Werbespruch der Ausländerbeauftragten von Berlin stehen die Schlagzeilen der Berliner Presse gegenüber: „Junger Türke starb nach dreiwöchigem Koma an den Folgen einer Schlägerei mit Neonazis" (Tagesspiegel, 15.11.91), „Skinheads zerschnitten Polen die Zunge" (taz, 22.1.91), „Vietnamese vor aller Augen erstochen" (taz, 27.4.92). „Steigende Temperaturen im Treibhaus der Gewalt" konstatiert die ‚Süddeutsche Zeitung' (7.8.92) in einem Artikel über die zunehmende Kriminalität und wachsende Brutalität deutscher und türkischer Jugendgruppen in Berlin. In der deutschen Hauptstadt stoßen die verschiedenen Welten der alten und neuen Bundesländer aufeinander, sind die Spannungen und Schwierigkeiten des wiedervereinigten Deutschland deutlicher fühlbar als in jeder anderen Stadt. Eine sich zuspitzende Wohnungsnot, steigende Arbeitslosigkeit, die Veränderungen, die Berlin in kürzester Zeit sowohl im Ostteil als auch im Westteil der Stadt erfahren hat, führen zur Verunsicherung seiner Bevölkerung. Soziale Konflikte sind die Folge.

Etwa 340000 der rund sechs Millionen Ausländer in Deutschland leben in Berlin. Damit weist die Stadt mit circa 10 Prozent ausländischer Bevölkerung im Vergleich zum Bundesdurchschnitt von rund 6,3 Prozent[1] einen relativ hohen Ausländeranteil auf, der sich sehr ungleich auf die verschiedenen Stadtbezirke verteilt. Stadtbezirke mit hohem Ausländeranteil im ehemaligen Westberlin – Kreuzberg (31 %), Wedding (24 %), Tiergarten (22 %), Schöneberg (20 %) – stehen den ausländerarmen im Ostteil der Stadt – Treptow (0,6 %), Prenzlauer Berg

(0,8 %), Köpenick (1 %), Pankow (1,7 %) – gegenüber. Kreuzberg mit 31 Prozent ausländischer Bevölkerung etwa grenzt direkt an den Bezirk Mitte mit 3,7 Prozent.[2] Aber die Unterschiede zwischen beiden Stadthälften beschränken sich keineswegs nur auf zahlenmäßig erfaßbare Größen. Der versuchten und in weiten Teilen auch gelungenen Integration in Westberlin steht die bewußte Isolation der wenigen ausländischen Studenten und Arbeiter im Osten gegenüber. Im Westen sollte das Zusammenleben von Deutschen und Ausländern gelernt, im Osten hingegen vermieden werden. Die Freundschaft mit den sozialistischen Bruderstaaten wurde zwar von Staats wegen verordnet, eine wirkliche Annäherung aber unterbunden. Alle gegen Ausländer gerichteten Aktionen erstickte die Staatsgewalt im Keim, zu einer wirklichen Auseinandersetzung mit dem Problem kam es nicht.

Im Westen stand mehr Zeit zur Verfügung, um Erfahrungen im Zusammenleben mit Ausländern zu sammeln. Seit Mitte der fünfziger Jahre wurden Arbeitskräfte aus den Mittelmeerländern angeworben. Aufgrund dieser unterschiedlichen Ausgangsbedingungen machte man in West- und Ostberlin andere Erfahrungen im Umgang mit Ausländern. Daraus resultieren ganz unterschiedliche Probleme, die auch mit anderen Methoden und Ideen gelöst werden müssen. Deren Entwicklung und Umsetzung stellt heute einen Aufgabenschwerpunkt der Ausländerbeauftragten in der ehemals geteilten Stadt dar.

Auf Initiative ihres damaligen Kanzlers Helmut Schmidt hatte die Bundesregierung in Bonn am 22. November 1978 die Einrichtung der Stelle eines Bundesbeauftragten für Ausländerfragen beschlossen und den ehemaligen Ministerpräsidenten Nordrhein-Westfalens, Heinz Kühn, mit diesem Amt betraut.[3] Seiner Berufung waren aber heftige Kontroversen sowohl um das Amt als auch um die Person vorausgegangen. Die Stelle des Ausländerbeauftragten sei eine Alibiinstitution, um dem verdienten Sozialdemokraten Kühn eine Altersversorgung zu verschaffen, so die Vorwürfe.[4] Sowohl der Signalwirkung als auch der tatsächlichen Bedeutung des Amtes, die in der allmählichen Abkehr von der bis dahin gültigen, ausschließlich arbeitsmarktpolitischen

Betrachtungsweise der Ausländerproblematik lag, waren diese Auseinandersetzungen sehr abträglich.

Die Aufgaben des Ausländerbeauftragten, der sein Amt im Rahmen des Bundesministeriums für Arbeit und Sozialordnung wahrnimmt, waren damals und sind noch heute ungenau definiert. Er „soll die Bundesregierung in ihren ausländerpolitischen Bemühungen unterstützen und für die Weiterentwicklung der Integrationspolitik Anregungen geben. (...) Zugleich soll der Beauftragte das Verständnis der Deutschen und Ausländer füreinander fördern und helfen, die Regierungen der Herkunftsländer für eine Förderung der freiwilligen Rückkehr von ausländischen Arbeitnehmern zu gewinnen".[5]

Kühns Nachfolgerin im Amt seit Januar 1981, die ehemalige Staatsministerin Liselotte Funcke, verstand sich im Gegensatz zu ihrem Vorgänger, dessen Hauptziel die Erstellung eines Memorandums zur Situation der ausländischen Arbeitnehmer und ihrer Familienangehörigen gewesen war, sehr viel mehr als engagierte Anwältin der in Deutschland lebenden Ausländer.[6] Sie litt daher besonders unter der politischen Einflußlosigkeit des Amtes.

Im November 1991 wurde die frühere FDP-Generalsekretärin Cornelia Schmalz-Jacobsen neue Ausländerbeauftragte. Anläßlich ihres Rücktritts bedauerte Liselotte Funcke, die das Amt mehr als zehn Jahre ausgeübt hatte, die unzulängliche Unterstützung ihrer Arbeit durch die Bundesregierung, die ihr Amt lediglich als „Alibifunktion" betrachte.[7] Frau Schmalz-Jacobsen konnte immerhin eine Erweiterung ihrer Kompetenzen durchsetzen. In ihre Zuständigkeit fallen nun nicht mehr nur alle ausländischen Arbeitnehmer und deren Familienangehörige, sondern – mit Ausnahme der Asylbewerber – alle in Deutschland lebenden Ausländer. Ferner wurde ihr eine finanzielle und personelle Erweiterung ihres Amtes zugestanden; sie beschäftigt jetzt 16 statt bisher 12 Mitarbeiter. Weiterhin soll sie – nach eigenen Angaben – „an allen ausländerrelevanten Vorhaben der Regierung" beteiligt werden[8] und „Anregungen und Initiativen" geben.[9] Dennoch kann das Amt der Ausländerbeauftragten der Bundesregierung nur durch die Persönlichkeit des Amtsinhabers, keinesfalls jedoch durch die politische Machtstellung Einfluß nehmen. Bei wichtigen Entscheidungen wird sie zwar gehört, hat aber keine wirkliche Möglichkeit zur Einflußnahme.

Als erstes Bundesland beschloß der Berliner Senat am 6. Oktober 1981 die Einrichtung der Stelle eines Ausländerbeauftragten für Berlin und griff damit die Idee des damaligen Regierenden Bürgermeisters von Berlin, Richard von Weizsäcker, auf. Am 17. November des Jahres wurde Barbara John, zu diesem Zeitpunkt wissenschaftliche Assistentin in der Lehrerausbildung an der Freien Universität Berlin und Kreuzberger Bezirksverordnete der CDU, zur Ausländerbeauftragten des Landes Berlin ernannt; am 1. Dezember trat sie als erste Länderbeauftragte überhaupt ihr Amt an. Mit nunmehr elf Jahren Dienstzeit ist Barbara John heute die dienstälteste Ausländerbeauftragte der Bundesrepublik.

Von parteipolitischer Seite gab es in Berlin weit weniger Widerstand als bei der Errichtung der Stelle auf Bundesebene drei Jahre zuvor. Die Notwendigkeit einer Ausländerbeauftragten lag, bei einem Ausländeranteil von damals knapp 13 Prozent, nahe.[10] Der Zuzug von Ausländern in die Stadt war zu einem Thema geworden, mit dem sich Medien und öffentliche Diskussion zunehmend beschäftigten. Bis dahin waren die verschiedenen Senatsverwaltungen ihrem Fachgebiet entsprechend zuständig gewesen – beispielsweise Arbeit, Jugend oder Frauen –, aber es gab keine Stelle, bei der die Fäden zusammenliefen. Diese Koordination sollte Aufgabe der Ausländerbeauftragten werden, dem Vorhaben setzte aber die Verwaltung Widerstand entgegen. Dort befürchtete man nämlich, daß die Ausländerbeauftragte als eine Art ressortübergreifende Verwaltung zu viele Kompetenzen an sich ziehen würde. Es dauerte einige Zeit – bei vielen Verwaltungen besteht diese Furcht vielleicht noch immer – bis die Amtsinhaberin überzeugen konnte, daß sie keine Konzentration aller Aktivitäten auf ihr Amt anstrebte, sondern die Ausländer als einen selbstverständlichen Teil der Berliner Bevölkerung betrachtet, für die alle Ressorts ebenso zuständig seien wie für die deutschen Berliner.

Das Berliner Abgeordnetenhaus hat die Bedeutung der Institution erkannt und stellt (im Vergleich zu Bund und anderen Ländern) ausreichend Mittel zur Verfügung. Die Ausländerbeauftragte kann aus ihrem Etat gezielt Initiativen unterstützen, was ihr eine Schwerpunktsetzung in der Berliner Ausländerpolitik erleichtert. 25 Mitarbeiter und damit neun mehr als auf Bundesebene sind im Amt der Berliner Ausländerbeauftragten beschäftigt.

Ein von der Ausländerbeauftragten herausgegebenes Faltblatt nennt sieben Aufgabenschwerpunkte.[11] Als ihre wichtigste Aufgabe, die sicherlich zugleich die strittigste ist, bezeichnet sie, „die Grundsatzfragen der Ausländer- und Integrationspolitik des Senats von Berlin zu gestalten, mit allen Ressorts abzustimmen und die Arbeit zu koordinieren".

Die Ausländerbeauftragte stellt Mittel für Organisationen, Initiativen und Selbsthilfegruppen zur Verfügung, die sich die Integration und Gleichstellung der Zuwanderer zum Ziel gesetzt haben. Hierunter fällt etwa die Finanzierung der ‚Regionalen Arbeitsstelle für Ausländerfragen e. V.' (RAA), die sich die Ausländerbeauftragte und die Freudenbergstiftung teilen. Die RAA hat ihre Tätigkeit im Februar 1991 aufgenommen und wird von Anetta Kahane geleitet, die von Mai 1990 bis Januar 1991 das Amt der Ausländerbeauftragten für Ostberlin innehatte, das dann im Zuge der verwaltungstechnischen Wiedervereinigung gestrichen wurde. Für junge Initiativen wie die RAA im ehemaligen Ostberlin, die wichtige Basisarbeit im Ausländerbereich leisten, ist die Finanzierung besonders schwierig, da ihnen von westlicher Seite viel Mißtrauen entgegengebracht wird. Sie müssen die für ihre Finanzierung im Westen Zuständigen von ihrer Redlichkeit und ihrer Kompetenz mühsam überzeugen, um zu verhindern, daß nur die „bewährten" Träger, also große Organisationen wie das ‚Deutsche Rote Kreuz' Mittel erhalten. Frau Kahane und ihren Mitarbeitern ist dies aber mindestens so weit gelungen, daß die RAA zur Hälfte von der Ausländerbeauftragten finanziert wird. Um den speziellen Problemen im ehemaligen Ostberlin zu begegnen, müssen unbedingt Träger aus dem Osten zur Mitarbeit herangezogen werden, da diese Ursachen und Wirkungen dort besser einschätzen können.

Anetta Kahane mußte während ihrer Zeit als Ostberliner Ausländerbeauftragte und muß noch heute mit anderen Ausgangsbedingungen als ihre Partner im Westteil der Stadt umgehen.

Westberlin verfügt über ein sehr dichtes Netz von Hilfsorganisationen, von kleineren Initiativen bis zu größeren Trägern. Im Osten bestehen nur wenige Initiativen, für die die Ostberliner Ausländerbeauftragte Aufbauarbeit geleistet hat. Anetta Kahane betont ausdrücklich, daß auf Ausländerfeindlichkeit oder Antisemitismus im West- und Ostteil der Stadt grundsätzlich verschieden reagiert werden muß. Im Osten sei eine viel differenziertere und feinfühligere Vorgehensweise notwendig. Man könne beispielsweise die Jugendlichen nicht wie in Westdeutschland einem während des Nationalsozialismus verfolgten Zeitzeugen gegenüberstellen, um ein Betroffenheitsgefühl zu erwirken. Es gebe großen Widerstand gegen jede Art von affirmativer Begegnung mit den Ereignissen vor 1945. Mit diesen Voraussetzungen sind Initiativen im Osten vertrauter und wissen besser damit umzugehen. Die Ausländerfeindlichkeit in Ostberlin – und nicht nur dort – geht zurück auf eine Art Minderwertigkeitsgefühl der ostdeutschen Jugendlichen. Die Westdeutschen nehmen in ihrer Vorstellung von gesellschaftlicher Hierarchie ganz eindeutig den ersten Rang ein. Die Ostdeutschen rivalisieren aber mit den ausländischen, hauptsächlich türkischen Jugendlichen um den zweiten Rang. In diesem Kampf können die Ostdeutschen nur ihren nationalen Bonus aufweisen, den sie gegen die Ausländer ausleben.[12] Diesen Spannungen versucht die RAA mit speziell für ostdeutsche Jugendliche ausgearbeiteten Planspielen entgegenzuwirken, wobei sie finanziell von der Ausländerbeauftragten unterstützt wird.

Die Beratung von Ausländern stellt einen Arbeitsschwerpunkt der Ausländerbeauftragten und ihrer Mitarbeiter dar. Zwischen 60 und 70 Personen sprechen täglich in dem in der Potsdamer Straße 65 gelegenen Büro vor. Wichtig hierbei ist der Rückkoppelungseffekt: Die Ausländerbeauftragte behält durch den Kontakt mit den Betroffenen direkten Zugang zu den Problemen und beschäftigt sich nicht nur auf einer abstrakten Ebene mit dem Thema.

Öffentlichkeitsarbeit gehört zu den wichtigsten Aufgaben des Amts. Zahlreiche Materialien geben Informationen sowohl für ratsuchende Ausländer als auch für interessierte Deutsche: etwa über Ehe-, Familien-, Aufenthalts- und Staatsangehörigkeitsrecht, über Erleichterungen bei der Erteilung der Arbeitserlaubnis oder über die Möglichkeiten einer Einbürgerung. In diesen Broschüren, die teilweise auch mehrsprachig erhältlich sind, erfährt der Ausländer alle für ihn rechtlich relevanten Aspekte, werden Lösungsmöglichkeiten und Adressen angegeben, die weiterhelfen können. Ein spezieller zweisprachiger Leitfaden für jüdische Zuwanderer aus der ehemaligen Sowjetunion informiert über Aufenthaltsrecht, Arbeitserlaubnis, Eingliederungsbeihilfen (etwa Sprachkurse, Kindergeld, Krankenversicherung), Ausbildung, Fortbildung und Einbürgerung. Die Broschüre ‚Unser Kind hat eine Behinderung' versucht, ausländischen Eltern den Umgang mit einem behinderten Kind in einem fremden Land etwas zu erleichtern, bringt Beispiele für die gelungene Integration behinderter ausländischer Kinder. Aber auch türkische Kochbücher werden von der Ausländerbeauftragten veröffentlicht. Die Publikationsreihe, in der verschiedene Minderheiten vorgestellt werden, richtet sich eher an das deutsche Publikum: ‚Der Islam und die Muslime. Geschichte und religiöse Traditionen', ‚Italiener in Berlin. Alle Wege führen nach Rom – manche von Rom nach Berlin', ‚Türkische Berliner – Eine Minderheit stellt sich vor' oder ‚Vietnamesen in Berlin – Bootsflüchtlinge und ‚Gastarbeiter' wider Willen' bieten eine umfassende Hintergrundinformation über Geschichte, Heimatland und Leben der betreffenden Gruppe in Berlin.[13] Etwa 20 000 Broschüren werden im Monat verteilt, das Angebot wird von Deutschen mehr wahrgenommen als von Ausländern.[14]

Werbekampagnen und Plakataktionen sollen die gegenseitige Verständigungsbereitschaft fördern. Durch Kinderbuchpreise, Fotowettbewerbe, beispielsweise unter dem Motto ‚Berlin – grenzenlos und weltoffen',[15] und ähnliche Aktionen sollen Personen, die sich für Belange der ausländischen Berliner einsetzen, belohnt werden. Natürlich bemüht sich die Ausländerbeauftragte um Zusammenarbeit mit den kommunalen Ausländerbeauftragten und -vertretungen und den vielen zuständigen Organisationen und gibt auch Broschüren z. B. über Anlaufstellen und Projekte im Bezirk Neukölln oder Kreuzberg heraus.

Ein grundsätzliches Problem, mit dem Barbara John zu kämpfen hat und das zugleich die Ambivalenz der Arbeit einer Ausländerbeauftragten deutlich macht, ist das Staatsangehörigkeitsrecht, das bisher ziemlich restriktiv gehandhabt wurde und in der Ausländerpolitik nur eine untergeordnete Rolle spielte. 60 Prozent der türkischen Berliner aber sind in der Stadt geboren.[16] Um ihnen die Integration zu ermöglichen, müßten sie rechtlich mit den Deutschen gleichgestellt, folglich eingebürgert werden. Die deutsche Staatsangehörigkeit darf nach Ansicht von Barbara John nicht am Ende des Integrationsprozesses stehen, sondern muß als ein Mittel zur Integration dienen. Deshalb plädiert sie für eine automatische Einbürgerung der Ausländer der dritten Generation, soweit diese selbst es wünschen.[17] Im Rahmen ihrer Möglichkeiten wirbt sie in einer kleinen Broschüre für die Einbürgerung, und Berlin macht in dieser Hinsicht Fortschritte. Eine wirkliche Verbesserung im Staatsangehörigkeitsrecht würde aber erst die vermehrte Zulassung von Doppelstaatsbürgerschaften bringen. Viele Ausländer fühlen sich nämlich durch den Beibehalt ihrer alten Staatsangehörigkeit besser geschützt, bei vielen existiert noch die alte Bindung an die Nationalität, die sie aus verschiedenen Gründen nicht aufgeben wollen.[18] Hier sind der Ausländerbeauftragten klare Grenzen gesetzt, eine politische Änderung im Staatsangehörigkeitsrecht kann sie nämlich nicht durchsetzen, obwohl sie weiß, daß ohne deutsche Staatsbürgerschaft nur schwer eine wirkliche Integration stattfindet. Die Einbürgerung bringt für die Ausländer viele Erleichterungen mit sich: Die Familiengründung wird vereinfacht, da im Falle einer Heirat zwischen einem Deutschen und einem Ausländer letzterer sofort eine Arbeitserlaubnis erhält. Ausländer, die in Deutschland ein Medizin- oder Pharmaziestudium abschließen, können sich hier nur mit deutschem Paß niederlassen. Die deutsche Staatsangehörigkeit würde die Mobilität innerhalb der europäischen Länder erhöhen und zuletzt auch eine politische Gleichstellung bringen.

Im Zuge der sich verschärfenden Ausländerfeindlichkeit häufen sich allerdings die Klagen vor allem dunkelhäutiger Ausländer, daß sie auch die deutsche Staatsbürgerschaft nicht vor Diskriminierungen schützen würde. „Meine Hautfarbe ändert sich dadurch nicht", meint ein mit einer Deutschen verheirateter Panamese aus Cottbus. Probleme habe er nicht so sehr am Arbeitsplatz oder mit den Nachbarn, sondern als anonymer Ausländer, beispielsweise in der Straßenbahn, mit der er abends nicht mehr zu fahren wage. Seine Frau habe mittlerweile Angst, die gemeinsamen Kinder allein in der Wohnung zurückzulassen, seit Jugendliche in Cottbus gewaltsam in die Wohnung von Vietnamesen eindrangen.[19]

Auch aus diesem Grund fordern die Ausländerbeauftragten von Bund und Ländern ein Antidiskriminierungsgesetz, das die Gleichbehandlung von Ausländern fördern soll. „Ich bin mir völlig klar darüber, daß wir in den nächsten fünf Jahren kein Antidiskriminierungsgesetz haben werden", stellte Barbara John zu Beginn einer Tagung in Tutzing zum Thema ‚Rechtliche Maßnahmen gegen die Diskriminierung von Ausländern' im Frühjahr 1992 fest;[20] sie schätzte damit die politische Stimmung wohl richtig ein. „Die Einführung der Gurtpflicht im Auto hat auch 20 Jahre gedauert."[21] Die Ausländerbeauftragte des Bundes, Cornelia Schmalz-Jacobsen, erhofft hingegen schon von der Initiative allein ein Signal für die ausländische Bevölkerung – in einer Zeit, in der Ausländerhaß immer breitere Bevölkerungsschichten erreicht.

Kann aber das Amt der Ausländerbeauftragten wirklich etwas bewirken im Kampf gegen die zunehmende Ausländerfeindlichkeit, gegen Überfälle auf Ausländer, gegen pogromartige Ausschreitungen, wie sie in Hoyerswerda und Rostock geschahen, gegen Mordanschläge wie in Mölln? Oder muß die Ausländerbeauftragte lediglich als eine Beratungsinstitution für Hilfe suchende Ausländer verstanden werden? Um es gleich vorwegzunehmen: Ihre weitgehend machtlose Stellung im politischen Gefüge, die sich auf beratende Funktionen beschränkt, sich keinesfalls jedoch – wie als Aufgabenschwerpunkt angegeben – auf die Gestaltung der „Grundsatzfragen der Ausländer- und Integrationspolitik des Senats von Berlin" erstreckt, läßt wenig Gutes hoffen. Liselotte Funckes Klagen, daß ihr Amt nur als „Alibifunktion" diene, trifft, mit wenigen Ausnahmen, auch auf die

Berliner Ausländerbeauftragte zu. Sie ist nicht Mitglied des Senats, hat damit auch kein Rederecht, soll zwar über alle wichtigen Angelegenheiten der Ausländerpolitik informiert werden, kann diesen Anspruch aber nicht rechtlich einklagen. Ihre bedeutendste Einflußmöglichkeit ist der Vorsitz einer ständigen ressortübergreifenden Arbeitsgruppe, die dem Senatsausschuß für Ausländerangelegenheiten zuarbeitet.[22]

In permanentem Kleinkrieg muß Barbara John bei den jeweils zuständigen Senatoren um Verbesserungen des unzeitgemäßen Ausländerrechts kämpfen, kann nicht aus einer politisch starken, mit weitreichenden Kompetenzen ausgestatteten Stellung heraus Veränderungen schaffen, sondern muß über die ihr von den Betroffenen zugetragenen Einzelfälle ständigen Druck auf die Senatoren ausüben. Ein Beispiel: In der Abteilung Ausländerrecht des Innensenats versucht die Ausländerbeauftragte Verbesserungen bei der Familienzusammenführung durchzusetzen. Junge ausländische Frauen, die in Berlin eine Berufsausbildung machen, dürfen ihre Ehepartner erst nachkommen lassen, wenn sie ein Einkommen nachweisen können, dessen Höhe für die ganze Familie reicht. Frau John versucht, durch Fälle in der Praxis alarmiert, den Innensenat auf das Problem der jungen Frauen hinzuweisen. Durch den Familiendruck und die persönlichen Schuldgefühle werden sie nämlich ihre Berufsausbildung abbrechen, beispielsweise ins Reinigungsgewerbe gehen und damit das erforderliche Einkommen vorweisen können. Solche Frauen haben aber wegen der fehlenden beruflichen Qualifikation nie eine wirkliche Integrationschance. Sie werden vielleicht arbeitslos und beziehen möglicherweise jahrelang Sozialhilfe. – Wie in diesem Fall stößt Frau John ständig auf veraltete, unzureichende gesetzliche Regelungen, die immer noch davon ausgehen, daß die in Berlin lebenden Ausländer als Gastarbeiter nur wenige Jahre hier verbringen und dann in ihre Heimat zurückkehren, was aber längst nicht mehr der tatsächlichen Situation entspricht.

Frau John wird aber bei dem dafür zuständigen Innensenator Dieter Heckelmann wenig Verständnis und Feinfühligkeit für diese Probleme erwarten können. Im August 1992 sorgte er mit der Mitteilung „Scheinasylanten blockieren Aufnahmekapazitäten" in der Öffentlichkeit für Aufsehen. Heckelmann wörtlich: „Wachsender Unmut über entsprechenden Asylmißbrauch hat nichts zu tun mit Ausländerfeindlichkeit, sondern ist das verständliche und berechtigte Aufbegehren unserer Bürger gegen das Verpulvern von Steuermilliarden, die für die Unterbringung und Versorgung Hunderttausender von reinen Wirtschaftsasylanten aufgewendet werden müssen, und dies zu Lasten anderer wesentlicher sozialer Bedürfnisse der eigenen Bevölkerung. In einer Zeit extremer Belastungen des Staatshaushaltes ist zu fragen, wie lange wir unseren Bürgern das Schauspiel des täglich weiter anschwellenden Asylantenstroms noch zumuten wollen."[23]

Mit solchen zur Radikalisierung geradezu auffordernden Äußerungen führender Politiker, die bewußt die Ängste der überforderten und im Stich gelassenen Bürger benützen, um parteipolitische Fehden um eine Änderung des Grundrechts auf Asyl auszutragen, kann keine Ausländerbeauftragte konstruktive und weiterplanende Ausländerpolitik betreiben. Damit wird die ausländerfeindliche Stimmung angeheizt und Leserbriefen wie dem folgenden eines Berliner ‚Spiegel'-Lesers Raum gegeben: „Es wird geschrieben und geredet, gezögert und vertuscht, wie das deutsche Volk es nicht anders kennt von den verwirrten Bonzen in Bonn und der linken Schickeria in den Medien. Wer kümmert sich noch um unsere Probleme? Wohnungsnot, Arbeitslosigkeit, Drogen, Kinderfeindlichkeit und so weiter. Diese Probleme in Deutschland brauchen wir nicht noch durch Überfremdung zu steigern."[24]

Diesen Ängsten leisten Äußerungen von Politikern Vorschub, indem sie eine differenzierte Auseinandersetzung mit den Tatsachen vermeiden. Bewußt werden die Ausländer mit Wirtschaftsasylanten gleichgesetzt, wobei außerdem unklar ist, worin das Verbrechen der sogenannten Wirtschaftsasylanten liegt, die nichts anderes versuchen, als aus der bitterarmen Heimat zu fliehen und sich und ihren Kindern eine Chance zu geben, ein neues, besseres Leben zu beginnen. In Deutschland haben sie aber keine andere Möglichkeit, als sich entweder deutschstämmige Vorfahren zu suchen oder einen Asylantrag zu stellen. Auf andere Weise ist die Einwanderung nach Deutschland nicht möglich. 100000 dieser angeblichen „Wirtschaftsasylanten" zahlen in Berlin Lohnsteuer, Krankenversicherungs- und Rentenbeiträge. Würde man etwa die rechte Wählerklientel verstören, wenn endlich zugegeben würde, daß es meist die schlecht bezahlten und körperlich anstrengenden Jobs sind, die die Berliner Ausländer übernommen haben, oder wenn man gar die statistisch erwiesene Tatsache eingestehen würde, daß die Deutschen die Ausländer vom Arbeitsmarkt verdrängen und nicht umgekehrt?[25] Um den rechten Wählerrand zu binden, wird mit den Ängsten der Bevölkerung gespielt. Die deutschstämmigen Aussiedler als potentielle Wähler, die damit eine größere Lobby bei den Politikern haben als die Ausländer, denen man das Wahlrecht verweigert, bleiben in dieser Diskussion unerwähnt. Barbara John, die keineswegs für revolutionäre Veränderungen in der Ausländerpolitik, sondern für schrittweise Verbesserungen, die die Mehrheit der deutschen Bevölkerung mittragen kann, eintritt, hat in ihrer eigenen Partei einen schweren Stand. Die CDU kündigte ihr gar die Gefolgschaft, als sie 1989 Anzeige gegen den berüchtigten ausländerfeindlichen Werbespot der Republikaner erstattete. Sie wurde aus dem Landesvorstand der Partei abgewählt. – Gibt es etwa von diesem Punkt der parteiinternen Auseinandersetzungen eine Linie, die zu den erschütternden Bildern von Rostock im August 1992 und denen von Mölln im November 1992 führte?

Die Politiker wehren sich immer noch gegen die bestehende Tatsache, daß Deutschland längst ein Einwanderungsland geworden ist und auch bleiben wird. Diese Tatsache muß anerkannt, der Bevölkerung verdeutlicht und gesetzlich geregelt werden, wenn es eine Fortentwicklung in der Ausländerpolitik geben soll. Ein Einwanderungsgesetz mit jährlich neu festzulegenden Quoten je nach Veränderung der politischen Situation, wie dies in den USA und anderen europäischen Ländern längst der Fall ist, würde die Wirtschaftsflüchtlinge aus dem Asylverfahren nehmen.

Barbara John plädiert schon lange dafür und hält in diesem Zusammenhang eine Grundgesetzänderung des Asylrechts für dringend erforderlich. Die Debatte darüber dürfe auch keineswegs den Rechtsradikalen überlassen werden, sondern müsse von allen verantwortungsbewußten Politikern konstruktiv geführt werden, nicht zuletzt um die Spannung und den Eindruck aus der Diskussion zu nehmen, die Politiker seien unfähig, in dieser Frage eine bessere Lösung zu finden. Nicht die Tatsache, sondern die Art und Weise, in der die Asyldebatte geführt wird, hält die Berliner Ausländerbeauftragte für bedenklich. Ihrer Meinung nach brauchen wir eine aktivere Flüchtlings- und Einwanderungspolitik. Kein Land werde es sich in Anbetracht der zu erwartenden Migrationsbewegungen leisten können, alle Flüchtlinge zuerst aufzunehmen und dann zu entscheiden, wer das Recht auf Asyl in Anspruch nehmen könne. Neben der Flüchtlingspolitik, die weiterhin alle individuellen Fälle aus Staaten, in denen politische, religiöse, rassische oder geschlechtliche Verfolgung besteht, hier in Deutschland prüfen solle und damit die bisherige Verfahrensweise fortsetze, müsse eine gesonderte Einwanderungspolitik betrieben werden. Für Länder, in denen keine existentielle Bedrohung bestehe, wie etwa im früheren Ostblock, plädiert Barbara John für eine Prüfung der Anträge noch in diesen Ländern, ähnlich dem Verfahren bei den deutschstämmigen Aussiedlern. Bei einem positiven Bescheid könnten die betroffenen Personen einreisen, würden sofort Aufenthaltsgenehmigung und Arbeitserlaubnis erhalten. Damit bestünde für sie die Möglichkeit, möglichst bald auf eigenen Beinen zu stehen und sich nicht dem langwierigen Asylverfahren unterziehen zu müssen, auf dessen Ausgang sie nach heute gängiger Praxis ohne Arbeitserlaubnis in Aufnahmelagern unter meist menschenunwürdigen Bedingungen warten müssen. Ohnehin sei die Chance auf Anerkennung für diesen Personenkreis sehr gering.

Barbara John hält diese differenzierte Vorgehensweise für sehr viel humaner und offensiver; die eigentliche Bedeutung des Asylrechts würde dadurch gestärkt werden. Das jetzt so großzügig formulierte Recht auf Asyl sei letztendlich inhuman, da bei Nichtanerkennung die Abschiebung in das Heimatland drohe, in dem ein Neuanfang überaus schwierig ist. Eine neue Form der Einwanderungspolitik könnte auch flexibler auf aktuelle Probleme wie etwa den Jugoslawienkonflikt reagieren. Flüchtlinge aus Bosnien z. B. wollten ja den Schrecken des Krieges entkommen, ihr Leben und das ihrer Kinder in Sicherheit bringen, aber keineswegs das Asylrecht in Deutschland in Anspruch nehmen. Wegen des erstarrten bürokratisierten Ausländerrechts könne darauf jedoch nur schwer reagiert werden.

Solange die Politiker aber die Auseinandersetzung mit diesen Problemen verweigern, ja ein ausländerfeindliches Klima schaffen, das Asylproblem als Wahlkampfthema mißbrauchen, selbst nach den Katastrophen von Rostock und Mölln noch nicht erkennen, daß sie mit dem Feuer spielen und gefährliche Sozialängste schüren, kann eine Ausländerbeauftragte nur wenig Erfolg haben, müssen Plakataktionen, die an die gegenseitige Verständnisbereitschaft appellieren, wirkungslos im Sand verlaufen, ja angesichts des Ausmaßes der Gewalt gar lächerlich wirken.

Wenigstens aber – und dies ist keineswegs zu unterschätzen – bietet die Ausländerbeauftragte des Senats für alle der 340 000 in Berlin lebenden Ausländer eine Anlauf- und Integrationsstelle, von der sie Rat und Hilfe erwarten dürfen und auch erhalten. Die Arbeit dieser Anlaufstelle zeichnet sich durch Kontinuität und Kompetenz aus und bietet den nichtdeutschen Berlinern dadurch zumindest ein gewisses Maß an Sicherheit, obwohl sich die Betroffenen natürlich darüber im klaren sind, daß die Ausländerbeauftragte ausländerfeindliche Aktionen nicht verhindern kann. So kommen nach Zwischenfällen auch nicht mehr Ausländer in das Büro. Sie wissen, daß wirkungsvolle Hilfe gegen den zunehmenden Ausländerhaß nur von der Polizei, der Justiz und vor allen Dingen von politischer Seite gegeben werden kann. Sie wissen aber auch, daß sie in der Berliner Ausländerbeauftragten eine engagierte Anwältin für ihre Interessen gefunden haben, die in der Lage war, mit der veränderten Situation in Berlin nach der Wiedervereinigung zurechtzukommen, soweit es jedenfalls ihr Amt betraf.

1 Ute Knight, Wolfgang Kowalsky: Deutschland nur den Deutschen? Die Ausländerfrage in Deutschland, Frankreich und den USA. Erlangen 1991, S. 18.

2 „Ich hab' nichts gegen Ausländer, aber...". Vorurteile und Fakten. Hrsg. von der Ausländerbeauftragten des Senats. Dezember 1991, S. 28.
3 Die Ausführungen zum Bundesbeauftragten stützen sich auf: Reinhard Grindel: Ausländerbeauftragte. Aufgaben und Rechtsstellung. Baden-Baden 1984.
4 Ebenda, S. 14 f.
5 Ebenda, S. 50.
6 Ebenda, S. 55 ff.
7 taz, 15. November 1991.
8 Das Parlament, 20./27. Dezember 1991.
9 taz, 15. November 1991.
10 Grindel: a. a. O., S. 70.
11 Die Ausländerbeauftragte des Senats. Aufgabenschwerpunkte. Berlin 1991.
12 Interview mit Anetta Kahane, 18. August 1992.
13 Alle angegebenen Broschüren sind bei der Ausländerbeauftragten in Berlin erhältlich.
14 Interview mit Barbara John am 26. Mai 1992.
15 Jugendfotowettbewerb der Ausländerbeauftragten 1990.
16 Türkische Berliner. Eine Minderheit stellt sich vor, S. 4.
17 Interview mit Barbara John, 26. Mai 1992.
18 Interview mit Barbara John, in: Claus Leggewie: Multi Kulti. Spielregeln für die Vielvölkerrepublik. Berlin[2] 1991, S. 136 ff.
19 Tagesspiegel, 5. Juli 1992.
20 taz, 9. März 1992.
21 Süddeutsche Zeitung, 12. März 1992.
22 Grindel: a. a. O., S. 71 ff.
23 Tagesspiegel, 6. August 1992.
24 Der Spiegel 42/1991.
25 Tagesspiegel, 7. Dezember 1991.

Hans Sarkowicz

Modell Frankfurt: das Amt für multikulturelle Angelegenheiten und die Kommunale Ausländervertretung

Das Frankfurter Amt für multikulturelle Angelegenheiten (kurz AMKA) ist das erste seiner Art in der Bundesrepublik. Daß es gerade in der Mainmetropole eingerichtet wurde, ist weder Zufall noch das Ergebnis rot-grünen Proporzdenkens. Frankfurt hat mit 25,6 % den höchsten Ausländeranteil in Deutschland, wobei die amerikanischen Soldaten, das diplomatische Corps und die illegalen Zuwanderer noch nicht eingerechnet sind. Über 166 000 Ausländer leben in der Stadt. Die größten Gruppen unter den über 150 verschiedenen Nationen kommen aus dem ehemaligen Jugoslawien (rund 20 %), der Türkei (knapp 18 %) und Italien (gut 10 %). Trotzdem gab es bis Anfang 1989 (unter der CDU-Stadtregierung) keinen Ausländerbeirat oder eine vergleichbare Interessenvertretung. Es blieb weitgehend der Initiative einzelner Ämter und Projektgruppen überlassen, Mitsprache- und Mitwirkungsmöglichkeiten zu eröffnen.

Mit dem Sieg der rot-grünen Koalition bei der Kommunalwahl im März 1989 wurde das AMKA mit dem ehrenamtlichen Dezernenten Daniel Cohn-Bendit an der Spitze geschaffen, das nach einer organisatorischen Anlaufphase Mitte 1990 seine praktische Arbeit aufnahm.

Vor allem an der Person des neuen Stadtrates und zunächst weniger am Dezernat selbst entzündete sich die Kritik der Opposition. Bereits im Wahlkampf hatte die CDU Cohn-Bendit mit Slogans wie „Wer SPD wählt, muß wissen, wem er die Tür öffnet" und „Soll Cohn-Bendit jetzt unsere Heimat bestimmen?" auch persönlich diffamiert.

Der Sohn jüdisch-deutscher Eltern, die 1933 von Berlin nach

Frankreich emigriert waren, hatte 1968 als Student die Pariser Mai-Proteste mit ausgelöst und war dafür (weil er die deutsche Staatsbürgerschaft besaß) aus Frankreich ausgewiesen worden. Seither galt er bei seinen politischen Gegnern als Berufsrevolutionär und anarchistischer Hitzkopf. Dabei hatte sich der „rote Dany" schon früh von Gewalt als Mittel politischer Auseinandersetzung distanziert. Linkssozialisten und Kommunisten steht er gleich kritisch gegenüber. „Die Freiheit des Individuums, die Autonomie der Gesellschaft gegenüber dem Staat standen stets im Mittelpunkt von Danys politischem Denken", schrieb Matthias Horx am 14. April 1989 in der ‚ZEIT': „Er hatte niemals Probleme, die Sowjetunion einen totalitären Staat zu nennen. Schon früh erkannte er, was er das ‚Problem der Demokratie' nannte: daß auch linke, autonome, radikale oder spontaneistische Politik sich zu demokratischen Spielregeln bekennen muß."

In seiner Partei, den Grünen, zählt Cohn-Bendit zu den härtesten Gegnern des ökosozialistischen Fundamentalismus. Über Parteitagsbeschlüsse, die ihm nicht ins politische Konzept passen, setzt er sich souverän hinweg – vor allem in der Asyl- und Ausländerpolitik. Zusammen mit Thomas Schmid hat er mehrfach definiert, was er unter einer multikulturellen Gesellschaft versteht – auf keinen Fall eine „Ersatzvision für die orientierungslos gewordene Linke" oder einen „modernen Garten Eden harmonischer Vielfalt". In einer multikulturellen Gesellschaft sei, so Cohn-Bendit und Schmid am 22. November 1991 in der ‚ZEIT', „der Konflikt auf Dauer gestellt. Die multikulturelle Gesellschaft ist hart, schnell, grausam und wenig solidarisch, sie ist von beträchtlichen sozialen Ungleichgewichten geprägt und kennt Wanderungsgewinner ebenso wie Modernisierungsverlierer; sie hat die Tendenz, in eine Vielfalt von Gruppen und Gemeinschaften auseinanderzustreben und ihren Zusammenhalt sowie die Verbindlichkeit ihrer Werte einzubüßen. In der multikulturellen Gesellschaft geht es daher um die Gratwanderung zwischen verbindenden und trennenden Kräften – und eben deswegen ist es so wichtig, daß sie sich Spielregeln gibt. Das Recht der verschiedenen Kulturen muß zwar ernstgenommen werden. Es verliert freilich dort seine Gültigkeit, wo es die republikanischen und ethischen Normen unserer Zivilisation verletzt (einer Zivilisation, die strikt der republikanischen Tradition der europäischen Moderne verpflichtet ist – die aber auch bereit sein muß, ihr Erbe im Angesicht anderer Kulturen zu überdenken)".

Als erste Schritte in Richtung einer multikulturellen Gesellschaft fordern Cohn-Bendit und Schmid ein Einwanderungsgesetz mit Quotierung, das kommunale Wahlrecht für Ausländer, die Möglichkeit, doppelte Staatsbürgerschaften zu erwerben, und eventuell sogar eine europäische Staatsangehörigkeit für alle in Europa geborenen oder seit fünf Jahren in Europa lebenden Menschen.

Im schroffen Gegensatz zu seiner Partei wendet sich Cohn-Bendit gegen „offene Grenzen". Er plädierte schon lange vor dem Kurswechsel der SPD für eine Einschränkung des Grundgesetzartikels 16, wenn zugleich Flüchtlingen durch entsprechende Regelungen die Einwanderung erleichtert würde.

Trotz dieser partiellen Annäherung an Positionen der Union nutzt die Frankfurter CDU weiterhin jede Gelegenheit, um den Rücktritt des Stadtrats und die Auflösung seines Dezernats zu fordern.

Auch ein Teil der Lokalpresse scheint eindeutig Stellung gegen Cohn-Bendit bezogen zu haben. Heftige publizistische Reaktionen lösten zum Beispiel die Fahrradtour des Dezernenten durch eine Fußgängerzone, das mit voller Absicht auf den 17. Juni gelegte ‚Fest der Farben' oder die nicht formvollendet vorgetragene Einladung zu einer Antirassismus-Demonstration aus.

Cohn-Bendit seinerseits ist alles andere als zimperlich, wenn es darum geht, die CDU zu attackieren, wobei er sich keineswegs auf Frankfurt beschränkt. So warf er Bundesinnenminister Seiters nach den Krawallen von Rostock öffentlich vor, sich „zum Handlanger des Mobs auf der Straße" zu machen und die Parole auszugeben: „Werft noch ein paar Mollies – und wir werden die Sache in den Griff kriegen."

Daß Cohn-Bendit oft und lustvoll provoziert, daß ihm sein Dezernat nicht selten bloßer Vorwand für spektakuläre Auftritte ist, daß er sich in seinen zahlreichen Interviews gern zum Hohen Flüchtlingskommissar für die Bundesrepublik stilisiert und daß er aus seinen weiteren politischen Ambitionen keinen Hehl macht, das alles verdeckt die in kurzer Zeit erbrachten Leistungen des AMKA mehr, als es den Mitarbeitern recht sein kann. Cohn-Bendit sorgt zwar für europa-, wenn nicht gar weltweite Publizität, aber es ist ihm bisher nicht gelungen, jedem Frankfurter Bürger die Notwendigkeit seines Dezernats plausibel zu machen. Allein die Existenz einer solchen zentralen Stelle weist schon darauf hin, daß die Mainmetropole, was viele Frankfurter lange nicht wahrhaben wollten, zu einer multikulturellen Stadt geworden ist und daß es Probleme im Zusammenleben von Deutschen und Ausländern gibt. Selbst in der Frankfurter SPD wurde die Frage laut, warum für Aufgaben, die bisher andere Institutionen wahrgenommen hatten, jetzt ein eigenes Dezernat geschaffen werden mußte. Die Koalitionsvereinbarungen vom April 1989 konnten die Bedenken nicht zerstreuen. Darin heißt es:

„Es wird stufenweise ein ‚Amt für multikulturelle Angelegenheiten' aufgebaut. Zu den Aufgaben dieses Amtes werden u.a. gehören:

- Die Vermittlung in Konfliktfällen zwischen unterschiedlichen Kulturen sowie zwischen den Behörden der Stadt und diesen Kulturen.
- Die Entwicklung von Ideen zur Stadtentwicklung im Sinne eines multikulturellen Urbanismus.
- Die Bearbeitung der Probleme des Zusammenlebens und der Betreuung von insbesondere Migrantenkindern und -jugendlichen.
- Die Förderung der Migrantenkulturen sowie kultureller Initiativen, die der Verständigung zwischen den verschiedenen Kulturen dienen.
- Austauschprogramme für Jugendgruppen in Zusammenarbeit mit Frankfurter Schulen, Jugendzentren und Vereinen.
- Die Betreuung von Asylsuchenden.
- Die Wahrnehmung der Aufgaben des Ausländerbeauftragten."

Wo genau das neue AMKA angesiedelt werden sollte, blieb zunächst unklar. Nur die Zuordnung zum Hauptamt des Oberbürgermeisters – und nicht etwa zum Sozial- oder Kulturdezernat! – stand fest. „Eine politische Norm, die multikulturelle Verständigung in der Stadt", schrieb Claus Leggewie in seiner ersten Bestandsaufnahme (‚Multi Kulti', Berlin 1990), „mußte jetzt in die Sprache und Routinen der Verwaltung übersetzt werden. Das AMKA sollte im Dreieck von Sozialarbeit, Kulturpolitik und Ombudsstelle agieren, wo bisher kein Dezernat bestand, und zwar in Beziehung zu einer politisch bisher ebenfalls nicht gesondert berücksichtigten Zielgruppe: den ‚Migranten'. Das Programm war noch vage, die Zielgruppe verschwommen; Mittel waren noch nicht angewiesen, auch die Damen und Herren ‚Implementeure' noch gar nicht vorhanden. Daß hier kein ‚normales' staatliches Programm zu erwarten war, dafür bürgte schon die extravagante Gestalt des Stadtrates."

Vor der Frankfurter Stadtverordnetenversammlung machte Cohn-Bendit im September 1989 deutlich, was sein Dezernat nicht sein sollte: „Feuerwehr gegenüber chauvinistischen Anwandlungen in der Bevölkerung" und „vorgeschobene Bastion der Ausländerlobby". Mitte 1990, nach einer einjährigen Aufbauphase, konnte das AMKA seine Arbeit aufnehmen, aber noch immer sieht die Leiterin, Rosi Wolf-Almanasreh, ihr Amt als „Werkstatt, zu deren wichtigsten Eigenschaften es gehört, sich flexibel auf die jeweiligen Aufträge und Entwicklungen einzulassen". Das „Team", wie es ausdrücklich genannt wird, besteht derzeit aus 15 festen Mitarbeitern, davon ist die Hälfte nichtdeutscher Herkunft oder Muttersprache. Insgesamt werden neben der deutschen 15 weitere Sprachen verstanden, so daß im Gegensatz zu anderen Behörden nur selten Dolmetscher benötigt werden. Allein das scheint schon die Schwellenängste erheblich reduziert zu haben. Für die in Frankfurt lebenden Ausländer ist das AMKA zur Anlaufstelle bei Problemfällen aller Art geworden und hat damit doch die zunächst geschmähte „Feuerwehrrolle" übernommen.

Da dem Amt nur relativ bescheidene Rechtsmittel zur Verfügung stehen, um Wünsche oder Forderungen durchsetzen zu können, vertrauen Cohn-Bendit und seine Mitarbeiter auf die „schwachen, aber beharrlichen ‚Waffen' des Argumentierens". Nicht immer sind sie damit allerdings erfolgreich. Wenn sich

z. B. ein muslimisches Mädchen gegen die Zwangsverheiratung durch ihre Familie wehrt, das Amt um Hilfe bittet, das Gespräch mit den Eltern aber scheitert, dann müssen einschneidendere Konsequenzen gezogen werden. Dem Mädchen wird empfohlen, aus der gemeinsamen Wohnung auszuziehen. Unterstützung gewähren dabei entweder das AMKA oder das Jugendamt. Denn, so Cohn-Bendit und Schmid in ihrem Buch ‚Heimat Babylon' (Hamburg 1992), das Verständnis für die besondere Situation der Migranten könne nicht so weit gehen, „die Kultur der Fremden in ihrer Unterschiedlichkeit unbesehen zu respektieren. Das hat eine ständige Gratwanderung zur Folge: Die unerbittliche Durchsetzung der Normen unserer Gesellschaft wäre nicht weniger falsch als die Duldung von religiös und kulturell begründeter Unterdrückung".

Da das AMKA als Antidiskriminierungsstelle fungieren soll, können sich auch Ausländer an das Amt wenden, die mit anderen städtischen Einrichtungen oder Verwaltungsstellen – wie z. B. der Ausländerbehörde – Schwierigkeiten haben. Diese Ombudsfunktion wird aber innerhalb der Bürokratie nur sehr schleppend anerkannt. Zwar sind unterdessen „Expertenkreise" eingerichtet worden, um das Binnenklima zu verbessern und damit die Zusammenarbeit zu erleichtern, aber bei vielen Hierarchen in der Verwaltung gilt das AMKA trotzdem noch als eine Art Ausländergewerkschaft, der hin und wieder deutlich die Grenzen gezeigt werden müssen. Die Handhabe dafür liefern die einschlägigen Gesetze und Verordnungen. So ist es nicht in allen für das Amt eindeutig ungerechtfertigten Fällen möglich, Ausländer vor der drohenden Abschiebung zu bewahren. Oft erstreckt sich das argumentative Tauziehen über Monate und kommt schließlich doch zu einem negativen Ergebnis.

Trotzdem hat sich – allein schon durch die bloße Existenz des AMKA – das Verhalten gegenüber den Ausländern in der städtischen Verwaltung grundlegend geändert: Die Migranten und Asylsuchenden werden mit ihren Anliegen ernster genommen, weil sie jetzt eine Lobby besitzen. Auf der anderen Seite sind die Mitarbeiter des Amtes als Fachleute akzeptiert, weil sie, so Rosi Wolf-Almanasreh, „niemals ideologische Diskussionen führen", sondern konkrete Lösungen anbieten. Mit einzelnen Behörden, wie dem Stadtschulamt oder dem Polizeipräsidium, ist die Zusammenarbeit schon ausgesprochen gut. Für Polizeibeamte organisiert das AMKA sogar eigene Fortbildungsveranstaltungen. Die Regel ist das allerdings nicht. Noch immer werden die Möglichkeiten unterschätzt, die ein solches Amt für die städtische Verwaltung bietet, nämlich kooperativ auch unkonventionelle Lösungen für die immer komplexer werdenden Fragestellungen zu finden, die das Zusammenleben von Deutschen und Ausländern mit sich bringt – ob es um den Bau einer Moschee im Frankfurter Stadtteil Höchst geht oder um die Einrichtung eines neuen Sammellagers für Asylbewerber. Die Gründe dafür dürften vor allem in den zementierten Behördenstrukturen liegen, die sich nur sehr langsam einer ämterübergreifenden Zusammenarbeit öffnen.

Die Sensibilität, die die Mitarbeiter des AMKA beim Umgang mit ihren Kollegen in der Stadtverwaltung entwickeln müssen, ist auch im täglichen Kontakt mit den Ausländern selbst gefragt, bei der Förderung von Vereinen, Verbänden und Beratungsstellen. Im ‚Frankfurter Modell', den vom AMKA ausgegebenen Richtlinien für die eigene Arbeit, heißt es dazu fast lakonisch: „Ausländerinnen und Ausländer müssen von den Deutschen weder paternalistisch gegängelt noch pauschal ‚geliebt' werden. Vielmehr sind sie zu respektieren und zu achten, auch dann, wenn sie anders aussehen oder andere Wertvorstellungen haben wie wir. Die Zuwanderer selbst müssen lernen, sich in die inländischen Strukturen, das Rechtssystem und die Wertvorstellungen der Deutschen einzufinden und diese ebenfalls zu respektieren."

Diese Leitsätze enthalten, wie die Praxis zeigt, einigen Zündstoff, denn sie verlangen von den Ausländern ein bestimmtes Maß an Anpassung, und nicht jede Gruppierung ist dazu bereit. Besondere Schwierigkeiten in dieser Hinsicht scheint das AMKA mit den Sinti und Roma zu haben. Eine empirische Untersuchung über die besondere Situation dieser Minderheit in Frankfurt scheiterte am Protest des Zentralrates und brachte dem Amt den Vorwurf ein, die rassistische Politik des Naziregimes fortzusetzen. Für Daniel Cohn-Bendit und Thomas Schmid ist dieses aufgegebene Projekt ein Beispiel dafür, „wie schwierig es sein kann, sich im konkreten Fall einer Minderheit anzunehmen, die diskriminiert wird, deren politische Vertreter sich zuweilen aber ebenfalls nicht scheuen, mit Denkverboten zu operieren. Seit geraumer Zeit schon will das Amt eine Beratungsstelle *für* Roma *von* Roma einrichten, doch ohne die Einbindung der Roma in die Praxis dieser Beratung hat das Projekt keine Chance".

Die anfängliche Euphorie, alle in Frankfurt lebenden Ausländer hätten nur darauf gewartet, ihre Interessen in Zukunft besser vertreten zu sehen, ist unterdessen verflogen. Differenzen zwischen den einzelnen Gruppierungen, dogmatische Ausrichtungen, die den Zielen des AMKA zuwiderlaufen, oder schlicht der Wunsch, möglichst unauffällig und traditionsbewußt zu leben, behindern die Akzeptanz gerade bei den Menschen, für die das Amt vorrangig geschaffen worden ist.

Wie stark die Vorbehalte und das Desinteresse noch sind, dokumentierte die Wahl zur ersten Kommunalen Ausländervertretung (KAV) in Frankfurt am 1. Dezember 1991. Nur 19,6 % der wahlberechtigten Ausländer beteiligten sich daran. Japaner, Briten, US-Amerikaner und betuchte Geschäftsleute gingen erst gar nicht zur Urne. Aber auch politisch engagierte Ausländer blieben der Wahl fern, weil sie in der KAV eine Art „Mogelpackung" (so der türkische Journalist Özcan Ayanoglu in der ‚taz') sahen. Tatsächlich hat die parlamentähnlich organisierte KAV keine wesentlich erweiterten Rechte als die Ausländerbeiräte in anderen Städten oder Landkreisen.

In der Geschäftsordnung der Stadtverordnetenversammlung heißt es zwar vielversprechend: „Im Interesse der Beteiligung der Menschen, die nicht die deutsche Staatsangehörigkeit besitzen, an der Beratung und Entscheidung örtlicher Angelegenheiten, der effektiven Vertretung ihrer Interessen sowie zur Förderung der kommunalen und gesellschaftlichen Integration und der Verbesserung der zwischenmenschlichen Beziehungen zwischen der ausländischen und der deutschen Bevölkerung wird eine Vertretung der Ausländer und Ausländerinnen in Frankfurt am Main gewählt." Aber in der kommunalpolitischen Realität sind die Mitwirkungsrechte der KAV eng begrenzt: „Die KAV ist von der Stadtverordnetenversammlung und dem Magistrat zu allen Angelegenheiten, die Ausländer betreffen (...), anzuhören." Sie kann teilnehmen, darf vorschlagen, soll anregen, kann Stellungnahmen abgeben, wird informiert und soll sich auf Wunsch äußern. Die direkte Mitwirkung an Entscheidungen bleibt ihr allerdings verwehrt. Grigorios Zarcadas, der Vorsitzende der KAV, sieht deshalb als wichtigstes Ziel des Gremiums zunächst, sich „als Betroffene einzumischen und bei dem Thema Ausländerfeindlichkeit und Rassismus der Stimmungsmache in der Politik entgegenzutreten". Die Entscheidung für den iranischen Publizisten Bahman Nirumand als Geschäftsführer (im Spätsommer 1992) bestätigt diesen über Frankfurt hinausreichenden Anspruch der KAV, der u. a. mit einer eigenen Pressearbeit realisiert werden soll. In Frankfurt selbst wollen sich die Ausländervertreter vor allem um die psychosoziale Versorgung älterer Migranten, um die unbefriedigende Situation in den Kindergärten und um die Durchsetzung des „kommunalen Wahlrechts für alle" kümmern. Gerade der letzte Punkt, der schon in der Satzung der KAV „im Interesse des Ausbaus einer lebensfähigen multikulturellen Gesellschaft" als „unverzichtbar" erklärt wird, trägt der Ausländervertretung Kritik aus den eigenen Reihen ein. Die KAV lasse sich als Alibi mißbrauchen, um weitergehende Forderungen nicht erfüllen zu müssen.

Daniel Cohn-Bendit, der die erste Wahl organisierte und die KAV beaufsichtigt, sieht das natürlich anders. Für ihn ist diese Form der Mitbestimmung der erste notwendige Schritt, um eine breitere Zustimmung für das kommunale Ausländerwahlrecht zu erreichen. Die Ziele seines Amtes decken sich weitgehend mit denen der KAV, auch wenn die Zusammenarbeit nicht ganz reibungslos verläuft.

Das AMKA hat schon jetzt, wie Claus Leggewie schreibt, eine „Vordenkerrolle" übernommen, indem „urbanistische, verfassungsrechtliche, kultur- und sozialpolitische Konzepte" entwickelt werden. Breit angelegte empirische Studien beschäftigen sich u. a. mit der ‚Psychosozialen Versorgung von Migrantinnen und Migranten in Frankfurt', mit der ‚Multikulturellen Jugendarbeit' oder mit der Situation älterer Migrantinnen und Migranten (dazu wurde gemeinsam mit dem Roten Kreuz im Juli 1992 auch ein Modellversuch gestartet). Diese Untersuchungen, die in der Regel ohne Vorbild sind, sollen Basisdaten für spätere Projekte liefern. Ob diese sich allerdings angesichts der Frankfurter Haushaltslage realisieren lassen werden, ist höchst fraglich. Schon seit 1990 versucht das AMKA vergeblich, Finanziers für ein Beratungsangebot zu finden, das die Chancen ausländischer Jugendlicher auf einen Ausbildungsplatz erhöhen soll.

Auch die Versuche, noch früher – also in der Schule – anzusetzen, sind bisher nicht gerade ermutigend verlaufen, obwohl gerade dieser Bereich, so Cohn-Bendit und Schmid in ‚Mythos Babylon', dazu prädestiniert scheine, „die Integration von Kindern und Jugendlichen zu fördern. Nirgendwo sonst läßt sich Deklassierung besser und effektiver verhindern als in der Schule, denn es gibt keinen Ort, an dem – außerhalb der Berufswelt – Deutsche und Ausländer derart organisiert zusammentreffen. Will man wirklich Integration, dann darf hier kaum etwas zu teuer und zu aufwendig sein".

Besonders, so ließe sich ergänzen, in Frankfurt, wo es Schulen mit einem Ausländeranteil von 90 Prozent und Klassen mit 17 verschiedenen Sprachen gibt. Eine vom AMKA in Auftrag gegebene Studie konnte ermitteln, daß der Anteil der deutschen Schüler in den letzten Jahren kontinuierlich gesunken ist. An Ideen mangelt es den Mitarbeitern des Amtes nicht: Vorgeschlagen werden z.B. der Ausbau des muttersprachlichen Unterrichts, Abitur plus Lehre als neues Bildungsangebot oder die Einführung von Ganztagsschulen, um ausländischen Kindern Freiräume außerhalb der Familie zu eröffnen und später in die Bundesrepublik gekommenen Schülern spezielle Lernhilfen anbieten zu können. Die Umsetzung ist – wie bei den meisten anderen zukunftsweisenden Projekten des AMKA – höchst fraglich. „Das Amt", so die beiden „Vordenker" Cohn-Bendit und Schmid, „mit geringer Kompetenz ausgestattet, kann nicht mehr tun, als zu versuchen, beharrlich alle Beteiligten zu überzeugen". Neben den Kompetenzen ist es auch das Geld, das fehlt. Für die Jahre 1992 und 1993 stehen dem Amt jeweils nur 1,7 Millionen Mark (incl. Personalkosten) zur Verfügung.

Mit diesen bescheidenen Mitteln ist das AMKA aus dem Status eines Modellversuchs noch nicht herausgekommen – eines Modellversuchs, der bis nach Japan Anerkennung findet, aber bei wechselnden politischen Mehrheiten höchst gefährdet scheint. Der Verlust für Frankfurt wäre tragisch, da es dem Amt – nicht zuletzt durch Veranstaltungsreihen und Kampagnen – gelungen ist, daß in der Mainmetropole differenzierter über Ausländer- und Asylpolitik diskutiert wird als in anderen deutschen Städten. Die Mitarbeiter des AMKA gehen z. B. auf die Bürger zu, in deren Nachbarschaft Asylbewerber einziehen sollen, sie sprechen mit ihnen und organisieren eine muttersprachliche Betreuung für die Flüchtlinge. Konflikte werden so schon frühzeitig entschärft. Daß bisher in Frankfurt keine Anschläge gegen Asylbewerberheime oder tödliche Attacken auf Ausländer zu verzeichnen waren, ist in einem nicht unbedeutenden Maß auf die Arbeit des AMKA zurückzuführen.

Dem Paradigmenwechsel in der Frankfurter Stadtpolitik, der durch die Einrichtung des Amtes deutlich wurde, müssen jetzt weitere konkrete Schritte folgen, damit die erzielten Ergebnisse nicht mehr in Frage gestellt werden können. Daniel Cohn-Bendit und Thomas Schmid ist nur zuzustimmen, wenn sie eine „Dienstleistungsbehörde für Migranten“ fordern. „In ihr wären Ausländerbehörde, Beratungsstellen und Teile der auf die Probleme der Migranten spezialisierten Verwaltungsabteilungen zusammengefaßt: eine Behörde, die in allen ausländerspezifischen Fragen der Stadt die Federführung besäße und mit entsprechenden Mitteln ausgestattet wäre.“

Hannemor Keidel

Mein Kollege ist Ausländer. Die Integration in den Gewerkschaften

Die Situation ausländischer Arbeitnehmer und ihrer Familien hat sich nach der Einigung Deutschlands verschlechtert. Neben der Veränderung der politischen Weltlage, die der Bundesrepublik nicht nur die Wiedervereinigung gebracht hat, sondern auch eine Zunahme von Aussiedlern und Asylsuchenden, hat auch die anwachsende Arbeitslosigkeit in der deutschen Bevölkerung und das Wiederaufleben des Rechtsradikalismus zu einer verstärkten Fremdenfeindlichkeit geführt. Die ehemals erwünschten Gastarbeiter werden mehr und mehr zu nicht-erwünschten Ausländern, die nicht nur in der Gesellschaft, sondern auch in den Betrieben stärkeren Diskriminierungen ausgesetzt sind. Die Gewerkschaften bilden neben den Arbeitgebern, sozialen Verbänden und Kirchen einen Teil einer Gegenbewegung, die versucht, unter dem Motto „Gemeinsam mit Ausländern leben und arbeiten" der gewalttätigen Fremdenfeindlichkeit entgegenzutreten. Die IG Metall, als die Gewerkschaft mit dem höchsten Ausländeranteil wirbt mit dem Slogan „Nur gemeinsam geht's" in einer Anzeigen- und Plakatkampagne für ein friedliches Nebeneinander zwischen deutschen und ausländischen Arbeitnehmern und klärt darüber auf, daß ausländische Arbeitnehmer in manchen Bereichen unerläßlich sind, daß sie mehr Sozialabgaben leisten, als sie beanspruchen, und daß sie auch in Zukunft ein unverzichtbarer Bestandteil der Gesellschaft und der Wirtschaft unseres Landes sind.

Der Zuzug ausländischer Arbeitnehmer nach dem Zweiten Weltkrieg verlief in drei Entwicklungsphasen, der Phase der Anwerbung, der Konsolidierung und der tendenziellen Verdrängung. – Das deutsche Wirtschaftswunder und die damit verbundene Expansion der Industrie konnte schon bald nicht mehr ausschließlich mit einheimischen Arbeitskräften bewältigt werden. Eine derartige Situation war für Deutschland – wie auch für andere Industrienationen – nicht neu; z.B. arbeiteten bereits 1910 ca. 1,2 Millionen Ausländer im Deutschen Reich, um den damaligen Wirtschaftsboom zu bewältigen. Diese aus anderen Ländern rekrutierten Arbeiter ersetzten aber zum Teil auch die Arbeitskräfte, die sich gegen Arbeits- und Lohnbedingungen mit Streiks wehrten. Nicht von ungefähr galten ausländische Arbeiter bei Einheimischen deshalb gerne als „Streikbrecher" oder „Lohndrücker". Im Lichte dieser Erfahrungen kann die Bedeutung der Bedingungen, die der DGB für die Anwerbung und Beschäftigung ausländischer Arbeiter durchsetzen konnte, erst richtig gewürdigt werden. Schon 1955 schloß die Bundesregierung ihr erstes Anwerbeabkommen mit Italien. Abkommen mit Spanien und Griechenland (1960), der Türkei (1961), Marokko (1963), Portugal (1964), Tunesien (1965) und Jugoslawien (1968) folgten. Der deutsche Gewerkschaftsbund stimmte der Anwerbung von Anfang an zu, forderte aber von der Bundesregierung, daß das Vermittlungsmonopol für die Anwerbung bei der Bundesanstalt für Arbeit liegen solle und ausländische und inländische Arbeitnehmer tariflich gleichgestellt werden sollten. Die Gewerkschaften wollten damit verhindern, daß ausländische Arbeitnehmer zu Lohndrückern und zur Konkurrenz für inländische Arbeitnehmer werden konnten. In den 1971 verabschiedeten Leitsätzen des DGB-Bundesvorstands zum Thema „Die deutschen Gewerkschaften und die ausländischen Arbeitnehmer" wurde nochmals verdeutlicht, daß sich der Vertretungsanspruch des DGB „im gleichen Umfang" auch auf die ausländischen Arbeitnehmer erstrecke.

Trotz dieser Programmatik konnte eine Konkurrenzsituation zwischen deutschen und ausländischen Arbeitnehmern nicht ganz verhindert werden, teilweise deshalb, weil sich das vormals knappe Gut Arbeitskraft vermehrt hatte. Dieser Aspekt wurde aber in allen einschlägigen Äußerungen der Gewerkschaften nicht berücksichtigt.[1] Die Gewerkschaften gingen in jener Anfangsphase – wie auch die Arbeitgeber – davon aus, daß der Aufenthalt ausländischer Arbeitnehmer vorübergehender Natur sein würde und man von daher auch keine integrativen Maßnahmen anstreben sollte. Streiks, in denen ausländische Arbeitnehmer als Streikbrecher fungierten, hat es in der Geschichte der Bundesrepublik Deutschland nicht gegeben. Die erste Welle der Ausländerfeindlichkeit in der Bundesrepublik, die ab 1965 einsetzte, brachte einen ersten praktischen Wandel in der Ausländerpolitik der Gewerkschaften. Man begann, die Ausländer in die Gewerkschaftsarbeit einzubeziehen, um damit ihre Integration – als Gewerkschaftsmitglieder und auch in den Betrieben – für die Dauer ihres Aufenthaltes in Deutschland zu fördern.

Die Phase der Konsolidierung begann in nur scheinbar paradoxer Weise mit dem durch die sozialliberale Regierung verhängten Anwerbestop vom 23. November 1973. Die Zahl der ausländischen Arbeitnehmer hatte sich innerhalb von drei Jahren verdoppelt und war im Herbst 1973 auf 2,6 Millionen Erwerbstätige angestiegen. Entgegen der ursprünglich von den Gewerkschaften durchgesetzten Regelung gelangten bereits Ende 1965 40 % der Arbeitnehmer nicht über die Bundesanstalt für Arbeit in die Bundesrepublik. Immer häufiger kamen sie auf dem „zweiten Weg", d. h. aufgrund der betriebseigenen Anwerbungspraktik von Arbeitskräften, bei der in bestimmten Fällen auch der Familiennachzug ermöglicht wurde. Dadurch wurde der Arbeitsmarkt der ausländischen Arbeitnehmer zunehmend unübersichtlich. Ein Anwerbestop wurde von den Gewerkschaften unter Hinweis auf die Überlastung der Infrastruktur in den industriellen Ballungsgebieten bereits 1972 gefordert. Im Herbst 1973 setzte dann die Bundesregierung den Anwerbestop gesetzlich durch. Der durch die Ölkrise vom Herbst 1973 erwartete Beschäftigungseinbruch rechtfertigte die Anwerbestopmaßnahmen auch gegenüber den Betrieben. Der DGB war bereit, wichtige Elemente der Konsolidierungspolitik der Bundesregierung mitzutragen:

- Anwerbestop für alle ausländischen Arbeitnehmer mit Ausnahme der EG-Mitgliedsländer
- Herabsetzung des Nachzugsalters ausländischer Jugendlicher auf 16 Jahre

- Stichtagsregelung, d. h. Bindung der Arbeitserlaubnis bzw. der Erlaubnis des Erhalts eines Ausbildungsplatzes jugendlicher Ausländer und anderer Familienangehöriger aus Nicht-EG-Staaten an ihr Einreisedatum
- Festhalten am Ausweisungstatbestand „Erhalt von Sozialhilfe“
- Ablehnung des Wahlrechts zu den politischen Vertretungen.

Die Politik maßgeblicher Vertreter des DGB zielte klar auf den Schutz der bereits in Deutschland tätigen Arbeitnehmer und propagierte Restriktionen beim Familiennachzug, speziell für Jugendliche. Der erhoffte Rückgang der ausländischen Bevölkerung stellte sich aber nicht ein. Zwar wurden die ausländischen Beschäftigten durch diese Maßnahmen von 2,6 auf 2 Millionen reduziert, die Zahl der ausländischen Wohnbevölkerung stieg aber schnell auf über 4 Millionen aufgrund der nun nachreisenden Familienangehörigen. Ausländische Arbeitnehmer, die bereits im Lande waren, fürchteten bei einer vorübergehenden Rückkehr in die Heimat nicht mehr einreisen zu dürfen und blieben. In der Bundesrepublik entstand eine Art Einwanderungssituation.

Bereits gegen Ende der sozialliberalen Koalition zu Beginn der 80er Jahre, vor dem Hintergrund der immer stärker anwachsenden Massenarbeitslosigkeit, setzte die Politik der „Rückkehrorientierung“ ein, d. h. man versuchte, die Zahl der hier lebenden Ausländer zu verringern. Nach der „Wende“ wurden die Bedingungen für Aufenthaltsgenehmigungen bzw. den Zuzug von Familienangehörigen erheblich verschärft und mit dem ‚Gesetz zur Förderung der Rückkehrbereitschaft ausländischer Arbeitnehmer‘ vom 29. November 1983 schaffte man Anreize, um ausländischen Arbeitnehmern aus Nicht-EG-Ländern, die arbeitslos geworden oder von Kurzarbeit betroffen waren, mit einer Abfindung von mehr als 10 000 DM die Rückkehr ins Heimatland attraktiver zu machen. Die Gewerkschaften bezeichneten diese Regelungen als Verdrängungsmaßnahmen. Dennoch sind immer wieder unterschiedliche und sich z. T. widersprechende Positionen in den Einzelgewerkschaften und auch im DGB festzustellen. Man wehrte sich z. B. nicht so sehr gegen die Rückkehrförderungsmaßnahmen als vielmehr dagegen, daß die Abfindungen aus der Kapitalisierung von Sozialversicherungen finanziert wurden.

In der Bundesrepublik Deutschland lebten 1990 mehr als 4,8 Millionen und in der DDR ca. 140000 Ausländer. Dies entspricht in den alten Bundesländern 7,5 Prozent der gesamten Wohnbevölkerung; auf alte und neue Bundesländer zusammengerechnet entspricht der Ausländeranteil nur 6,4 Prozent der Gesamtbevölkerung. Mehr als 60 Prozent der Ausländer in den alten Bundesländern sind dort länger als zehn Jahre ansässig. Bei Mitbürgern aus den sogenannten Anwerberstaaten, also den „klassischen" Gastarbeiterländern, sind es sogar 70 Prozent. Davon waren Ende September 1990 in den alten Bundesländern 1837727 „Beschäftigte" (in den neuen Bundesländern liegen Schätzungen von unter 30000 für den gleichen Zeitraum vor); dies entspricht circa 8 Prozent der knapp 23 Millionen Beschäftigten im alten Bundesgebiet. – Von den Ausländern im alten Bundesgebiet waren im April 1991 10,6 Prozent arbeitslos, im Gegensatz zu 6,2 Prozent der Gesamtarbeitslosenquote. Dies ist der niedrigste Stand seit 1985, aber der Trend, daß die Arbeitslosenquote für Ausländer 4–5 Prozent höher als der Durchschnitt liegt, ist gleichgeblieben.[2]

Grundlage der Rechtsstellung von nicht-deutschen Beschäftigten ist das am 1. Januar 1991 in Kraft getretene neue Ausländergesetz. Der Aufenthaltsstatus von Nicht-Deutschen in Deutschland wird abhängig gemacht vom Zeitraum des Aufenthaltes in der Bundesrepublik und vom Herkunftsland. Die begehrte Aufenthaltsberechtigung, d. h. das unbefristete Aufenthaltsrecht, steht jedem ausländischen Arbeitnehmer zu, der hier ununterbrochen acht Jahre beschäftigt war und eine angemessene Wohnung vorweisen kann und 60 Monatsbeiträge an die Rentenversicherung abgeführt hat. EG-Bürger haben inzwischen im Rahmen der Freizügigkeitsregelungen der EG (§ 1 AufenthG/EWG) als Arbeitnehmer, Selbständige, Studenten oder deren Familienangehörige eine uneingeschränkte Aufenthaltserlaubnis. Politische Mitspracherechte, auch im kommunalen Bereich, stehen ausländischen Mitbürgern nicht zu: Das Bundesverfassungsgerichtsurteil hat am 31. Oktober 1990 eine Gleichstellung der ausländischen Mitbürger bei kommunalen Wahlen, wie sie bereits in Hamburg und Schleswig-Holstein gesetzlich in Kraft getreten war, als verfassungswidrig erkannt. Das ab 1992 geltende passive Wahlrecht für Ausländer bei den Sozialversicherungen ist nur ein kleiner Schritt in Richtung Gleichstellung von ausländischen mit einheimischen Arbeitnehmern.

Der rigiden Ausländerpolitik setzen die Gewerkschaften integrationspolitische Zielsetzungen, die schon im DGB-Grundsatzprogramm von 1981 formuliert wurden, entgegen: „Der Deutsche Gewerkschaftsbund setzt sich gemeinsam mit den ausländischen Arbeitnehmern für die Beseitigung ihrer besonderen wirtschaftlichen, sozialen und kulturellen Benachteiligung ein, mit dem Ziel, ihre Gleichberechtigung zu verwirklichen". Die Politik des DGB und seiner Gewerkschaften will nicht nur formal, sondern auch real gleiche Voraussetzungen für inländische und ausländische Arbeitnehmer in allen Bereichen schaffen, da es nach ihrer Auffassung zur Integration der ausländischen Arbeitnehmer keine Alternative gibt. Sie fordern daher die Erarbeitung eines langfristigen und zukunftsorientierten Konzepts zur Ausländerpolitik, an dem neben den demokratischen Parteien auch die Gewerkschaften und andere gesellschaftliche Gruppen und Verbände beteiligt werden sollten. Bei entsprechenden Verlautbarungen verwendet der DGB bevorzugt den Terminus des nicht-deutschen Bürgers oder Kollegen, um jegliche Diskriminierung im Vorfeld aufzufangen.

Neben der Sicherung der Arbeitssituation sind Bildung und Ausbildung der zweiten und dritten Ausländergeneration und die Verbesserung der rechtlichen Situation der Ausländer ein besonderes Anliegen. Auch die politische Mitsprache durch die Beteiligung ausländischer Mitbürger an den Kommunalwahlen wird konsequent weiter von den Gewerkschaften gefordert. Nicht nur politisch, sondern auch wirtschaftlich ist das hier postulierte Integrationsmodell für ausländische Arbeitnehmer schwerer durchzusetzen denn je. Die Beschäftigungssituation ist eben auch abhängig vom Bedarf auf dem Arbeitsmarkt, und gerade hier finden derzeit strukturelle Veränderungen statt, denen sich ausländische Arbeitnehmer am schlechtesten anpassen können, so daß ihre Arbeitslosenquote weiterhin mehrere Prozent über der deutschen liegt.

Die programmatischen Positionen des DGB und seiner Einzelgewerkschaften mit dem Anspruch der uneingeschränkten Gleichstellung deutscher und ausländischer Arbeitskräfte, erweisen sich in der Praxis als überwiegend theoretisch; faktische und strukturelle Benachteiligungen bestehen, die auch von den Gewerkschaften hingenommen werden. Dennoch ist ein Aspekt zu würdigen, auf den Theo Gavras (Mitarbeiter für Ausländerbelange im Münchner DGB) hinwies – nämlich den, daß schon ab den 60er Jahren die deutschen Gewerkschaften für ausländische Arbeitnehmer oft die einzige Chance darstellten, sich politisch zu artikulieren, was ihnen z. T. in ihren Heimatländern verwehrt wurde. Hier ist insbesondere an die Griechen zur Zeit der Obristen oder an die Türken zu denken.

Nach Angaben des DGB waren zum 31. Dezember 1991 insgesamt in den alten und neuen Bundesländern knapp 600 000 ausländische Arbeitnehmer organisiert. Dies entspricht etwa 33 Prozent aller ausländischen Arbeitnehmer. Davon waren mehr als 325 000 Mitglieder der IG Metall, das entspricht circa 9 Prozent der in dieser Einzelgewerkschaft organisierten Gesamtarbeitnehmerschaft. Vergleichbar hohe Organisationsgrade finden sich bei den Gewerkschaften Bau, Steine, Erden und Textil. In anderen verarbeitenden Industrien liegt der Anteil der gewerkschaftlich organisierten Ausländer bei circa 5 Prozent, während ausländische Arbeitnehmer bei der ÖTV unter 2 Prozent und bei der HBV oder GEW unter 1 Prozent der Organisierten liegen.[3] Ein Vergleich mit deutschen Arbeitnehmern ist, pauschal gesehen, jedoch in jedem Fall irreführend, da ausländische Arbeitnehmer meist der Gruppe der Arbeiter zugehören und deutsche Arbeiter, im Gegensatz zu Angestellten, zu 51,6 Prozent (1985) organisiert sind.

Die Bereitschaft ausländischer Gewerkschaftsmitglieder, aktiv mitzuarbeiten, auch bei Streiks in vorderster Reihe mitzukämpfen, wird von Einzelgewerkschaften besonders lobend hervorgehoben. Ausländer haben wie kaum eine andere Beschäftigtengruppe zum Teilerfolg der großen Tarifauseinandersetzung im Jahre 1984 beigetragen. An strategisch wichtigen Posten in den Streikleitungen konnte man aber kaum Ausländer finden.

Das Betriebsverfassungsgesetz von 1972 stellt inländische und ausländische Arbeiter auch insofern gleich, als Ausländer ebenso vertretungsberechtigt sind wie ihre inländischen Kollegen. Bis 1981 war zwar ein kontinuierliches Anwachsen der Zahl ausländischer Betriebsräte zu verzeichnen – 1987 gab es mehr als 7000 gewählte ausländische Betriebsräte, davon bei der IG Metall 3223 –, im Gegensatz dazu ist die Zahl ausländischer Mandatsträger in den beschlußfassenden Organen und Leitungsgremien der Gewerkschaft und auch in den gehobenen Positionen der Betriebsräte nach wie vor gering. So beläuft sich die Anzahl der ausländischen politischen Sekretäre des DGB seit Jahren auf etwa 50 Personen.[4] Erstmalig wurde im Oktober 1992 mit dem 54jährigen Türken Yilmaz Karahasan ein Ausländer, der aber bereits seit den 50er Jahren in der Bundesrepublik lebt und arbeitet, in den Geschäftsführenden Vorstand einer deutschen Gewerkschaft, der IG-Metall, gewählt. Dies ist eher als Signal der IG-Metall gegen die Ausländerfeindlichkeit zu werten denn als Beginn einer Integration von ausländischen Gewerkschaftsmitgliedern in die Spitzengremien der Gewerkschaft.

Ausländische Betriebsratsvorsitzende bei der IG-Metall gab es 1987 ganze 228 (in mehr als 10000 Betrieben). Hinzu kommt, daß die ausländischen Betriebsräte sehr häufig Sprecher ihrer jeweiligen Nationalität sind und nur selten gemeinsame Vertreter aller ausländischen Gruppen gewählt werden. Kühne spricht von der Gefahr einer „Versäulung“ gewerkschaftlicher Ausländerpolitik und meint damit, daß sich ausländische Arbeitnehmer – neben anderen Personengruppen – auf einer unteren Ebene etablieren und profilieren können, daß sie aber nicht in den Gesamtzusammenhang gewerkschaftlicher Politik integriert werden.[5]

Kein Wunder, daß laut Repräsentativuntersuchungen von 1980 und 1985 der Friedrich-Ebert-Stiftung nur etwa ein Drittel der befragten ausländischen Arbeitnehmer die Arbeit des Betriebsrats und damit auch die ihrer eigenen Vertreter als ausreichend erachtet. Als Gründe für die Unzufriedenheit nennen die Befragten, daß der Betriebsrat entweder die Probleme der Ausländer nicht kenne oder daß er nur die Interessen der Deutschen bzw. des Arbeitgebers vertrete. Eine intensive Befragung von 27 türkischen Arbeitnehmern in Bielefelder Industriebetrieben verdeutlicht die Probleme der ausländischen Arbeitnehmer:

- Betriebsräte kümmern sich zwar um die Anliegen ausländischer Arbeitnehmer, können sie aber gegenüber den betrieblichen Vorgesetzten nicht durchsetzen.
- Betriebsräte lehnen zwar Ausländerfeindlichkeit ab, verweigern sich aber Maßnahmen der kollektiven Gegenwehr und einer einschlägigen betrieblichen Öffentlichkeitsarbeit.
- Betriebsräte kündigen nur an, sich kümmern zu wollen, unterlassen es dann aber.
- Betriebsräte verhalten sich im Konfliktfall neutral.
- Betriebsräte lehnen es ab, brisante Probleme aufzugreifen.
- Betriebsräte denken zuerst an sich selbst und den Erhalt ihres Betriebsratsmandats.[6]

1983 wurde auf dem 14. ordentlichen Gewerkschaftstag in München der Beschluß gefaßt, in allen Verwaltungen des DGB Ausschüsse für ausländische Arbeitnehmer einzurichten, wie sie in manchen Stellen bereits bestanden.

Drei Ausländerkonferenzen der IG Metall fanden zwischen 1986 und 1992 statt, in denen die Gemeinsamkeit beschworen wurde, die Probleme aufgezeigt, aber wenig Lösungsmöglichkeiten zwecks Gleichbehandlung in der Zukunft gefunden wurden: „Der rasant voranschreitende Umbau der Wirtschafts- und Beschäftigungsstruktur geht an ihnen vorbei. In den klassischen Domänen der Ausländerbeschäftigung: Montanindustrie, Metallverarbeitung und Baugewerbe, werden Arbeitsplätze massenhaft wegrationalisiert. Die dort noch bestehenden Arbeitsmarktnischen werden somit immer enger. Gleichzeitig haben Ausländer keinen Anteil an der Umschichtung von Beschäftigungsmöglichkeiten: Weder in den technologisch fortgeschrittenen Industrien noch im Dienstleistungssektor werden ihnen nennenswerte Chancen eingeräumt."[7]

Gewerkschaftliche Bildungsarbeit ist im wesentlichen unter zwei Aspekten zu betrachten, einmal unter dem der betrieblichen Qualifikation und zum anderen unter dem der gesellschaftspolitischen Integration. Von Gewerkschaftsseite wird hervorgehoben, daß das reguläre gewerkschaftliche Bildungsangebot selbstverständlich allen ausländischen Arbeitnehmern offensteht. In der Praxis wird aber kritisiert, daß der Anteil ausländischer Teilnehmer prozentual weit unter der deutschen Beteiligung liegt. Darüber hinaus gibt es spezifische Angebote für ausländische Arbeitnehmer, z. B. Funktionsträgerseminare in türkischer, italienischer, griechischer, spanischer und portugiesischer Sprache sowie in den Sprachen aus dem ehemaligen Jugoslawien.

Als wichtiger Meilenstein zur Förderung des Dialogs zwischen inländischen und ausländischen Arbeitnehmern nicht nur im Betrieb, sondern auch im gesellschaftlichen Umfeld, wird das Projekt BALD des DGB-Bildungswerks e. V. angesehen, das von 1986 bis 1989 durchgeführt wurde. Ziele dieses Projektes sind, den Prozeß der Verständigung und des Interessenausgleichs zwischen ausländischen und deutschen Arbeitnehmern durch gemeinsame Seminare zu unterstützen, auf kontinuierliche deutsch-ausländische Gesprächs- und Arbeitszusammenhänge hinzuarbeiten bzw. vorhandene Ansätze zu unterstützen und Mitarbeiter und Referenten für gemeinsame Seminare von Ausländern und Deutschen zu qualifizieren. Aus dieser Projektarbeit wurden Seminarkonzepte zu den wichtigsten Themen, die ausländische und inländische Bürger betreffen, entwickelt. Die dazu ausgearbeiteten Materialien bieten eine Grundlage für weitere Seminare mit deutschen und ausländischen Teilnehmern auf allen Ebenen der gewerkschaftlichen Bildungsarbeit.

Kritisiert wird aber an der gewerkschaftlichen Bildungsarbeit, daß eine Menge von Defiziten nach wie vor besteht, z. B. in der finanziellen und personellen Ausstattung der gewerkschaftlichen Ausländerarbeit, aber auch hinsichtlich der nach wie vor nicht zufriedenstellenden Einbeziehung ausländischer Mitglieder in die Bildungsarbeit vor allem der Einzelgewerkschaften sowie in die Arbeit ehrenamtlicher Referenten.[8] Um diesem Defizit zu begegnen, wurde inzwischen in der DGB-Bundesschule Springe ein neuer Schwerpunkt eingerichtet.

In der Bundesrepublik lebten 1987 rund eine Million Ausländer unter 15 Jahren. Davon sind über zwei Drittel hier geboren. Die Mehrzahl der jungen Ausländer zwischen 15 und 25 Jahren, das sind über 800000, sind hier aufgewachsen. Das neue Ausländergesetz ermöglicht ausländischen Jugendlichen zwar eine leichtere Einbürgerung, dennoch sind die Berufschancen erheblich schlechter als die ihrer deutschen Altersgenossen. Ausgangspunkt ist die schlechtere Schulbildung, die ihnen von vorneherein geringere Ausbildungs- und Berufschancen einräumt. Folgen sind eine überproportionale Arbeitslosigkeit und die schwerpunktmäßige Ausbildung in Bereichen des Handwerks. Unter dem Aspekt der Ausbildungsqualität ist eine Ausbildung im Handwerk in der Regel niedriger einzustufen als in anderen Ausbildungsbereichen. Zudem sind ausländische Jugendliche bemüht, Berufe zu erlernen, bei denen sie auch im Heimatland eine Existenzchance haben, da sie die Zukunft im Gastland als ungewiß erachten müssen.[9]

Eine Untersuchung hat ergeben, daß ausländische Jugendliche beim Zugang zur Ausbildung nicht in erster Linie an „ihren Defiziten" oder an „ihrer fehlenden Ausbildungsreife", sondern an betrieblichen Rekrutierungsstrategien scheitern.[10] Ein gewerkschaftspolitisches Argument ist daher, daß die Betriebsräte die Fragen der Berufsausbildung nicht vernachlässigen, sondern versuchen sollten, auf die Auswahlrichtlinien Einfluß zu nehmen bzw. Richtlinien aus der Sicht benachteiligter Arbeitnehmer einzuführen und sich für die Belange ausländischer Lehrstellenbewerber einzusetzen. Die von vielen Betriebsräten durchgesetzten „Quotierungen nach Schulabschlüssen", wonach bei der Vergabe von Lehrstellen ein gewisser Prozentsatz von Hauptschulabsolventen neben Realschul- und anderen Schulabgängern zu berücksichtigen ist, sollte erweitert werden auf Quoten für ausländische Jugendliche. Da dem Betriebsrat jedoch nur ein Mitbestimmungsrecht für die Lehrstellenbewerber zusteht, die der Arbeitgeber einstellen möchte, sind seine Befugnisse deutlich eingegrenzt. „Anzustreben ist auf jeden Fall eine Quote in Höhe des Anteils ausländischer Arbeitnehmer an der Betriebsbelegschaft."[11] Andererseits argumentiert der DGB im Rahmen einer gemeinsam mit dem BDA und dem ökumenischen Vorbereitungsausschuß zur Woche der ausländischen Mitbürger im September 1987 abgefaßten Erklärung: „Abzulehnen ist auch ein Bonus für Ausbildungsverhältnisse von Ausländern, denn wenn ihnen in der Ausbildung nicht das gleiche abverlangt wird wie den Deutschen, wird die gesamte Ausbildung von Ausländern abqualifiziert und dies wirkt sich dann besonders an der zweiten Schwelle aus, wenn sie als Ausgebildete eine Beschäftigung in ihrem Beruf suchen."[12] Für die ausländischen Jugendlichen sind die Bemühungen der Gewerkschaften offensichtlich nicht ausreichend oder attraktiv genug, um sich dort in großem Umfang zu organisieren. Die Gewerkschaften sind mit einem nach eigenen Angaben auffallend „niedrigen Organisationsgrad ausländischer Jugendlicher unter 18 Jahren", selbst bei der IG Metall, konfrontiert.[13]

Die Arbeits- und Lebenssituation ausländischer Frauen ist wesentlich schlechter als die der inländischen Frauen, ihre berufliche Qualifikation ist gering, kulturelle Vorgaben aus den Herkunftsländern erschweren die Integration ins Erwerbsleben noch zusätzlich. Ihr Anteil ist im Gegensatz zu den deutschen Frauen seit Mitte der 70er Jahre kontinuierlich gesunken. Beteiligung an Positionen in Betrieb oder Gewerkschaft sind darüber hinaus sehr gering. So sind über 90 Prozent der ausländischen Vertrauensleute und Betriebsräte in der IG Metall männlichen Geschlechts. Hier versuchen die Gewerkschaften in Fortbildungsseminaren u.ä. Aufklärung zu betreiben. Randgruppen unter den Ausländern, die von den garantierten Rechten der Arbeitnehmer mehr oder weniger ausgenommen sind, sind die Arbeitnehmer, die mit Werkverträgen und „Leiharbeitsverträgen" zu untertariflichen Bedingungen für begrenzte Zeiten beschäftigt werden. Der Mißbrauch, der mit derartigen Verträgen betrieben werden kann, ist spätestens seit Günter Wallraffs Buch ‚Ganz unten' in der Öffentlichkeit bekannt. Es hat zumindest in den Gewerkschaften zum Nachdenken geführt, zu welchen Bereichen der Ausbeutung von vorwiegend ausländischen Arbeitnehmern sie gar keinen

Zugang haben. Aber eine umfassende Diskussion innerhalb der Gewerkschaften ist nicht erfolgt, weder unter inländischen noch ausländischen Kollegen. Der DGB versucht aber zumindest, eine engere Zusammenarbeit mit Arbeitsämtern, Allgemeinen Ortskrankenkassen und der Polizei zu erreichen, um illegalen Praktiken, vor allem im Verleihgewerbe, auf die Spur zu kommen.

Die zunehmende Fremdenfeindlichkeit hat zu umfangreichen Kampagnen der Gewerkschaften geführt, deren Wirkung sich allerdings erst mit der Zeit einstellen kann. ‚Ausländer raus ist keine Lösung', lautet der Titel eines Flugblatts des DGB; Plakat- und Anzeigenkampagnen der IG Metall stehen unter dem Motto ‚Nur gemeinsam geht's', darin werden Arbeits- und Lebenssituationen deutscher und ausländischer Mitbürger dargestellt. Der DGB stellt unter der Überschrift ‚Haß macht dumm', unter Hervorhebung typisch deutscher Vorurteile, die wirtschaftliche und sozialpolitische Bedeutung ausländischer Mitarbeiter dar:
(1) „Es geht doch nichts über deutsche Wertarbeit".
(2) „Es geht doch nichts über deutsche Sauberkeit".
(3) „Es geht doch nichts über die deutsche Bundesliga".
„Wußten Sie, daß fast jeder vierte Bundesligaspieler Ausländer ist? Daß Anthony Yeboah und die meisten Ausländer dreimal mehr Sozialleistungen bezahlen, als sie verbrauchen? Wußten sie, daß die Hälfte unserer Schweißer Ausländer sind und mehr als 90 Prozent aller Ausländer Jobs haben, die kein Deutscher machen will? Daß sie unsere Renten sichern und die Einheit mittragen? Das Boot ist also nicht nur groß genug für alle, es wäre ohne Ausländer geradezu manövrierunfähig und es würde ohne Ausländer richtig an Fahrt verlieren."

Gegen Ausländerfeindlichkeit und Rassismus übernahm die deutsche Gewerkschaftsjugend aus Frankreich das Symbol der „Gelben Hand" mit der Aufschrift „Mach meinen Kumpel nicht an". Im November 1985 wurde die Aktion des DGB in einen Trägerverein umgewandelt. Diese Maßnahmen können langfristig erfolgreich sein, wenn es gelingt, ihre Ziele über die plakative Ebene hinaus in alle Bereiche der gewerkschaftlichen Zusammenarbeit zwischen in- und ausländischen Mitbürgern hineinzutragen.

Die Vereinheitlichungen im Rahmen der Verwirklichung des EG-Binnenmarktes haben zweifelsohne den ausländischen Mitbürgern aus EG-Ländern die Rechtsgleichheit am Arbeitsplatz und das Bleiberecht gebracht. Darüber hinaus fordern die deutschen Gewerkschaften die Einführung einer europäischen Staatsbürgerschaft, damit EG-Bürger auch am Wohnort an allen demokratischen Entscheidungsprozessen teilhaben können. Für Angehörige aus Drittstaaten fordern sie Freizügigkeit in allen EG-Ländern und auch die Beteiligung am kommunalen Wahlrecht. „Dabei wollen der DGB und die im Europäischen Gewerkschaftsbund zusammengeschlossenen Gewerkschaften verhindern, daß die Interessen nur auf die Bedürfnisse der (EG-) europäischen Arbeitnehmer gerichtet sind".[14] Fraglich bleibt, ob die Gewerkschaften in erster Linie nur an die ausländischen Mitbürger denken, die derzeit und schon lange in den EG-Ländern beschäftigt sind, denn es erscheint sehr zweifelhaft, ob die Migrationsbewegungen aus Ost und auch Süd auf diese Weise kontrollierbar sein werden.

Ferner beschäftigen sich die Gewerkschaften mit der Einsetzung von „Europäischen Betriebsräten" für europaweit kooperierende Unternehmen. Ein Richtlinienentwurf von Ende 1990 sieht Informations- und Konsultationsrechte für europäische Arbeitnehmervertretungen vor. Es muß sich freilich erst erweisen, ob sich mit derartigen Betriebsräten auch eine verstärkte europäische Kooperation auf der Arbeitnehmerseite einstellen wird. Die bislang bestehende Zusammenarbeit mit ausländischen Gewerkschaften auf der Kreisebene scheint eher marginal, und die Arbeit des Europäischen Gewerkschaftsbundes wirkt kaum auf die nationale oder gar Bezirksebene ein. Von München aus gibt es zwar eine Zusammenarbeit mit der gewerkschaftlichen ARGE-Alp, d. h. mit Italien, Österreich und der Schweiz. Derzeit befindet sich die ARGE-Alp aber in einer Art Selbstfindungsprozeß, so daß die Zusammenarbeit fast ausgesetzt ist. Ein Vertreter der italienischen Gewerkschaft hat immerhin einen Arbeitsplatz im Münchner Gewerkschaftshaus neben dem ständigen Mitarbeiter der Ausländerberatungsstelle des DGB-Landesbezirks Bayern, Herrn Theo Gavras.

Der Grundsatz der Gewerkschaften, daß es keine Alternative zur Integration ausländischer Arbeitnehmer gibt, führt zur Forderung des DGB nach der Erarbeitung eines langfristigen und zukunftsorientierten Konzepts zur Ausländerpolitik als Maßnahme zum Abbau von Fremdenfeindlichkeit und gegen die Radikalisierung von Bevölkerungsgruppen. Gerade heute scheint diese Forderung wichtiger denn je. Zu deren Einlösung müssen die Gewerkschaften aber, genauso wie die anderen politischen Kräfte im Lande, die teilweise bestehende Diskrepanz zwischen Anspruch und Wirklichkeit und die Widersprüchlichkeit auf den unterschiedlichen Ebenen überwinden helfen.

1 Richard Staab: Die Ausländerpolitik der deutschen Gewerkschaften im DGB. In: Zeitschrift für Ausländerrecht und Ausländerpolitik 2/1983, S. 66.

2 Die Zahlen sind den Ausländer-Kennziffern des Bundesministers für Arbeit und Sozialordnung v. 17. 6. 1991 entnommen.

3 Mitgliedszahlen des DGB und seiner Einzelgewerkschaften v. 31. 12. 1991.

4 Peter Kühne: Den Dialog organisieren. In: Gewerkschaftliche Monatshefte 11/1989, S. 684.

5 Ebenda.

6 Zit. in: Peter Kühne: Alltagsprobleme gewerkschaftlicher Betriebsarbeit. In: Ders., Nihat Öztürk, Hildegard Ziegler-Schultes (Hrsg.) „Wir sind nicht nur zum Arbeiten hier . . .“. Hamburg 1988, S. 175.

7 Peter Kühne, Nihat Öztürk, Hermann Schäfer, Renate Schmieder: Wie wir das Schweigen brechen können. Köln 1989, S. 22.

8 Ebenda, S. 37.

9 Wolfgang Nieke, Ursula Boos-Nünning (Hrsg.): Ausländische Jugendliche in der Berufsausbildung, Opladen 1991, und Konstantin Lajios (Hrsg.): Die zweite und dritte Ausländergeneration. Opladen 1991.

10 Josef Reindl: Kooperationsmodell Saar zur Förderung der Berufsausbildung ausländischer Jugendlicher. 2. Zwischenbericht. Saarbrücken 1986, S. 45 ff.

11 Zukunft ohne Beruf. Materialien zur gewerkschaftlichen Bildungsarbeit Nr. 5., Düsseldorf 1990, S. 18.

12 Karl-Heinz Goebels: Zur Situation der Berufsausbildung junger Ausländer. In: Gewerkschaftliche Bildungspolitik 6/88, S. 177.

13 Geschäftsbericht. 3. Ausländerkonferenz der IG Metall, 7.–9. 5. 1992 in Travemünde, S. 80.

14 Jochen Richert: Wanderarbeitnehmer in Europa – acht Millionen Menschen zweiter Klasse? Informationen zum Pressegespräch am Mittwoch, dem 19. Juni 1991, in Düsseldorf.

Jörg Passoth

„Ich bin ein Fremder gewesen, und ihr habt mich aufgenommen." Kirchliche Hilfe für Asylbewerber

Unter „Integration von Ausländern" verstehe ich die beiderseitigen Bemühungen von Fremden, die in unser Land kommen, wie auch Einheimischen, gemeinsam eine verträgliche und bestenfalls sich wechselseitig bereichernde Form des Zusammenlebens zu finden. Integration in diesem Sinn setzt also voraus, daß Ausländer sich bereits in unserem Land befinden und einen, wenn auch befristeten, so doch immerhin gesicherten Aufenthaltsstatus haben. Erst wenn diese Bedingungen erfüllt sind, können die mühevollen und oft Jahre beanspruchenden Schritte der Integration erfolgen. Gewerkschaften, Wohlfahrtsverbände und Bildungseinrichtungen suchen in Verbindung mit staatlichen Stellen, diesen Prozeß zu unterstützen und zu begleiten. Private Initiativen ergänzen das Angebot.

Christliche Gemeinden, insbesondere solche mit hohem Ausländeranteil, sind gelegentlich an solchen Bemühungen beteiligt, etwa in Form eines deutsch-türkischen Kindergartens und anderer Kontaktangebote. Solches Engagement fand bisher innerhalb und außerhalb der Kirche durchaus Anerkennung und Unterstützung bis hin zur Einrichtung von besonderen Personalstellen („Ausländerbeauftragter") oder Zuweisungen für Sachmittel. Integrationsbemühungen in diesem Sinn konnten nach dem Zweiten Weltkrieg bis in die 70er Jahre bei allen konkreten Auseinandersetzungen doch wenigstens grundsätzlich mit Einverständnis und Unterstützung rechnen – auch durch Politik und Wirtschaft.

Die Situation hat sich inzwischen jedoch geändert. Integration wird nicht mehr vorrangig unter dem Gesichtspunkt gemeinsamer Alltagsbewältigung gesehen und erfahren. Vielmehr werden diese konkreten und wenigstens grundsätzlich lösbar erscheinenden Anforderungen überlagert von einem Gefühl ständig zunehmender Bedrohung von den „Grenzen" her. Integration setzt demnach voraus, daß nicht „zu viele" kommen. Kommen aber „zu viele", dann sei nicht nur Integration unmöglich, sondern darüber hinaus der soziale Frieden überhaupt gefährdet. Das behaupten die Vertreter der „Überflutungstheorie" schon seit der Zeit, als durchschnittlich 30000 bis 40000 Asylbewerber jährlich kamen. Und sie behaupten es heute angesichts der etwa zehnfachen jährlichen Asylanträge erst recht. So unsinnig die Behauptung damals im Blick auf die recht unerheblichen Zahlen war, so wenig lassen sich heute die lautstarken Verkünder des „vollen Bootes" irritieren durch volkswirtschaftliche Gesichtspunkte.

Wenn trotz aller ökonomischen Argumente bedenkenlos die Angst vor einer angeblichen Minderung des eigenen Wohlstandes geschürt wird, dann entsteht der Verdacht, daß sich hier ein Prozeß in fast pathologischer Weise verselbständigt: eine Fremdenfeindlichkeit, die – über Jahre bestätigt durch ein politisches Konzept der Abwehr Notleidender – schließlich eskalieren muß bis zur Tötung der Opfer.

Das Konzept der Abwehr Notleidender läßt sich auf Dauer nur gegen das subjektive Grundrecht auf Asyl nach Art. 16,2,2 des Grundgesetzes durchsetzen. So scheint es konsequent, wenn man heute auf Abschaffung drängt. Es sollte dabei allerdings nicht übersehen werden, daß dieser Artikel im ganzen eine besondere Stellung hat: „Die Verankerung des Rechts auf Asyl in unserer Verfassung hat deutlich Bekenntnischarakter" (Gerhart Baum, FR, September 1992). Die Mitglieder des Parlamentarischen Rates, die 1948 über diesen Artikel berieten, wußten zum Teil aus eigener Erfahrung, was es bedeutet, verfolgt zu sein und an den Grenzen eines anderen Landes aufgenommen oder zurückgewiesen zu werden: Noch wenige Jahre zuvor waren es 900000 Asylbewerber, die aus Deutschland geflohen waren. So wurde Art. 16,2,2 im doppelten Sinne zum Bekenntnis: gegen ein Regime, das Menschen zur Flucht zwingt, und für das uneingeschränkte Recht auf Asyl für die, die es in Anspruch nehmen wollen – zumindest das subjektive Recht, ein solches Begehren individuell prüfen zu lassen. Sowohl in den Ausschüssen, wie auch im Parlamentarischen Rat war man sich einig: „(...) wenn wir irgendeine Einschränkung aufnehmen würden, wenn wir irgend etwas aufnehmen würden, um die Voraussetzungen für die Gewährung des Asylrechtes festzulegen, dann müßte an der Grenze eine Prüfung durch die Grenzorgane vorgenommen werden. Dadurch würde die ganze Vorschrift völlig wertlos" (von Mangoldt). Im Gegenteil: „Asylrechtsgewährung ist immer eine Frage der Generosität, und wenn man generös sein will, muß man riskieren, sich gegebenenfalls in der Person geirrt zu haben. Das ist die andere Seite davon, und darin liegt vielleicht auch die Würde eines solchen Aktes" (Carlo Schmid).

Dieses Gesetz wurde einstimmig beschlossen, obwohl damals Deutschland selbst Ort einer der größten und planlosesten Umsiedlungen in der Weltgeschichte war, also mit etwa 30 Millionen Flüchtlingen in Europa im Unterschied zu heute tatsächlich „überflutet" wurde. – Wenn man heute glaubt, dieses Bekenntnis in seiner doppelten Bedeutung aus der Verfassung herausnehmen zu müssen, dann ist rückblickend leicht zu erkennen, wie gut dieser verhängnisvolle Schritt in einer systematischen Aushöhlung dieses Grundrechts vorbereitet wurde. Die Entwicklung soll hier nur in kurzen Hinweisen angedeutet werden:

1. Nach der in den 60er Jahren eifrig betriebenen Zuwanderung der Gastarbeiter wurde beim Rückgang des wirtschaftlichen Wachstums 1974/75 ein Anwerbestop beschlossen und – da die erwünschte Wirkung ausblieb – der Familiennachzug begrenzt.

2. Zur etwa gleichen Zeit stieg aufgrund entsprechender Konflikte in den jeweiligen Fluchtländern die Zahl der Asylbewerber von 10000 (1975) auf 108000 (1980). Also wurde für die Hauptfluchtländer der Visumszwang eingeführt, wohl wissend, daß damit auch politisch Verfolgten der Zugang zur Bundesrepublik Deutschland häufig unmöglich gemacht wurde. Direkt nach dem Einmarsch der sowjetischen Armee in Afghanistan wurden 80 % der von dort kommenden Asylbewerber anerkannt. Kurz darauf wurde auch dieses Land dem Visumszwang unterworfen.

3. Da auch diese Maßnahme nicht ausreichte, um die Grenzen für Flüchtlinge soweit wie möglich zu schließen, wurden die

Botschafter im Frühjahr 1986 aufgefordert, keine Visa mehr auszustellen, wenn sich Anhaltspunkte für ein Asylbegehren erkennen ließen. „Er (= der Antragsteller) darf alles reinschreiben, nur nicht, daß er Asyl beantragen will. Dann gibt es kein Visum" (Gerhard Pfeiffer, ehemaliger Botschafter in Sri Lanka, 1987).

4. Für die Hauptfluchtländer wurde zusätzlich ein Transitvisum eingeführt, da wiederholt vom Transitbereich der Flughäfen aus ein Asylantrag vorgebracht wurde. Man ging davon aus, daß Art. 16,2,2 nicht das Recht auf freien Zugang zum Territorium der BRD beinhalte. Da außerdem ein Sichtvermerk ohne Gefahr für Leib und Leben häufig nur in einem Drittland zu bekommen ist, konnte man sicher sein, daß es für den Asylbegehrenden keinen Grund zur Weiterwanderung geben könne, es sei denn aus wirtschaftlichen Gründen, was wiederum hier niemals als Asylgrund akzeptiert werden würde.

5. Zusätzlich wurden die Beförderungsunternehmer gesetzlich zur kostenlosen Rückbeförderung verpflichtet innerhalb eines Zeitraums von drei Jahren (§ 18 Abs. 4 AuslG) – für den Fall, daß ein Asylbegehren erfolglos bleibt. Darüber hinaus sind pro Flüchtling 2000 DM als Beitrag zum Ersatz öffentlicher Aufwendungen (Unterbringung usw.) zu zahlen und – da es sich um eine Ordnungswidrigkeit handelt – ein Bußgeld in Höhe von 5000 bis 20000 DM.

Da die Beförderungsunternehmen sich weigerten, selber die Abweisung der Asylbewerber im Ausland vorzunehmen, kontrollieren Beamte des Bundesgrenzschutzes in Lufthansa-Uniformen und mit Lufthansa-Pässen in Nigeria und im Sudan und wohl vor Jahren auch in Sri Lanka die Visa der Passagiere (M. Budzinski, epd 19/92, S. 7).

Das Bundesverwaltungsgericht hat im April 1992 entschieden, daß diese Auflagen für die Beförderungsunternehmen grundgesetzwidrig seien. In der Begründung wird darauf verwiesen, daß Art. 16,2,2 jedem Asylsuchenden die Möglichkeit garantiere, in der BRD einen Asylantrag zu stellen. Das faktische Transportverbot laufe dagegen auf eine pauschale Ablehnung von Asylbewerbern hinaus und schließe damit eine gesetzlich vorgeschriebene „individuelle Prüfung" aus (Stuttgarter Zeitung, 15. 4. 1992).

6. Schließlich gibt es Entscheidungen des Bundesverwaltungsgerichts, wonach von einer politischen Verfolgung nicht ausgegangen werden kann, wenn ein Staat lediglich geeignete Maßnahmen zur Sicherung seiner Herrschaftsstruktur ergreift.

Dies gelte auch für Folter, sofern sie lediglich zur Aufrechterhaltung eines Wertesystems diene. Darüber zu befinden könne nicht Sache des Gerichts sein. Je stärker dieses jeweilige Wertesystem bedroht sei, um so eher käme es möglicherweise zu Übergriffen. Das bedeute jedoch nicht, daß eine Disziplinierung gerade wegen politischer Gesinnung oder ethnischer Herkunft anzunehmen sei. Nach dieser Rechtsprechung wäre auch die nationalsozialistische Rassenhygiene als schutzwürdiges „Wertesystem" zu verstehen, und die Judenverfolgung wäre demzufolge auch heute asylrechtlich irrelevant.

7. Die Innenminister der Länder beschlossen am 3. Oktober 1986, verstärkt auch in Krisengebiete abzuschieben. Nach dem dabei erstellten Kriterienkatalog kann von einer Abschiebung in ein Krisengebiet abgesehen werden, „solange dem Ausländer dort für sein Leben oder seine Freiheit Gefahren drohen würden, die wesentlich über das Maß dessen hinausgehen, was in dem Staat allgemein oder von einer bestimmten Volks- oder Religionsgruppe allgemein zu erdulden ist". Das bedeutet zweifellos eine Umkehrung des Asylgedankens: Je größer die allgemeine Gefahr, um so weniger hat ein einzelner die Chance, eine außergewöhnliche Verfolgung nachzuweisen, d. h. um so eher kann er in das Fluchtland zurückgeschoben werden.

Kaum ein anderes Verhalten ist dem Kerngehalt eines an der Bibel orientierten christlichen Glaubens so diametral entgegengesetzt wie ein Konzept der Abwehr von Notleidenden. Gerade ihnen gilt die besondere Vorliebe, die eindeutige Parteilichkeit Gottes, ihnen ist er selbst Zuflucht (Asyl) und Schutz. Bei der fast routinemäßigen Aufzählung derer, die damals üblicherweise am leichtesten in Not gerieten (Witwen, Waisen, Arme), kommt den Fremden eine besondere Bedeutung zu. Die Urerfahrung des Volkes Gottes im Alten Testament und späterhin auch der christlichen Gemeinde ist: keine Heimat zu haben, Unterdrückungs- und Ausbeutungsbestrebungen anderer rechtlos und ohnmächtig ausgeliefert zu sein, wie z. B. in der Sklaverei Ägyptens – und gerade deshalb von Gott erwählt zu sein und befreit zu werden zu einem menschenwürdigen Leben. Diese Erfahrung – fremd zu sein und angenommen zu werden – prägt das Volk Gottes in besonderer Weise: „Die Fremdlinge sollt ihr nicht unterdrücken; denn ihr wißt um der Fremden Herz, weil ihr auch Fremdlinge in Ägypten gewesen seid." (2. Mose 23,9).

Es gibt ein besonderes Wissen von dem, was im Herzen eines Fremden vorgeht. Dieses Wissen kann nur haben, wer das Fremdsein selber in seiner schlimmsten Form erfahren hat – wie etwa die Mitglieder des 1948/49 tagenden Parlamentarischen Rates. In dessen Thesen zum Asylrecht liegt eine gewisse Verwandtschaft zur Sichtweise der Bibel. Für das Volk Gottes wie für die christliche Gemeinde bleibt diese Erfahrung ein konstitutives, ein ständig zu lehrendes und zu lernendes Stück Identitität. Seinen lebendigen Ausdruck findet dieses besondere Wissen darin, „(...) daß du in deiner Mitte niemanden unterdrückst (...) und den Notleidenden dein Herz finden läßt" (Jes. 58,9 f.). Diese Aufforderung, das „Wissen um das Herz des Fremden" nicht zu vernachlässigen, vielmehr das eigene Herz dem des Fremden zugänglich zu machen, ist keineswegs eine Angelegenheit der Moral. Vielmehr ist es eine Entscheidung, christliche Gemeinde zu sein oder nicht zu sein, die Urerfahrung der Menschen in der Begegnung mit Gott wachzuhalten, von Gott Empfangenes weiterzugeben oder zu vergessen.

Daß es hier um mehr geht als um einen moralischen Appell, wird im Neuen Testament bestätigt, wenn Jesus sich mit dem Hungrigen, dem Kranken, dem Fremden identifiziert, der uns heute begegnet, morgen begegnen wird (Matth. 25, 31 ff.). Ihn zu verfehlen, ihn nicht das eigene „Herz finden lassen" bedeutet, Jesus Christus zu verfehlen, sich selbst zu verfehlen als Christin und Christ und letztlich als Mensch überhaupt.

Integration in diesem Zusammenhang heißt daher praktisch: „Nimm ihm (= dem Flüchtling) die Sorge vor dem kommenden Tag, befreie ihn von der Angst und der Ungewißheit über sein Schicksal (...) ja hilf ihm zu einem Wohlergehen, wie du selbst es genießt oder dir wünschst. – So lautet die Forderung des Wortes

Gottes; unabhängig von den Gründen, um deretwillen der Fremde geflohen ist, und unabhängig auch von Belastungen und Gefährdungen, die solche Hilfe an jenem anderen dir zumutet (...). Wer kommt, soll Aufnahme finden und Beistand durch unsere Gesellschaft und die Glieder unserer Gemeinden. Kommen sie aber aus Angst und Bedrängnis durch ihre Regierung oder eine andere mächtige Gruppe in ihrem Land, aus der Angst, durch Kriegs- oder Bürgerkriegshandlungen getroffen zu werden, oder kommen sie, weil ihre Kinder bitter Hunger leiden, ist es Christenpflicht, unseren Wohlstand, unsere Sicherheit mit ihnen zu teilen. Wir haben den, der in Not oder auch nur aus subjektivem Empfinden von Not uns sucht, anzunehmen und für ihn einzustehen. (...) Diese Pflicht wird nicht eingeschränkt oder aufgehoben durch Regelungen unseres eigenen Staates. Geraten wir durch die Hilfe an einem geflüchteten Fremdling unter uns in Widerspruch zu vom Staat erlassenen Gesetzen, dürfen wir die Verletzung staatlicher Ordnung nicht scheuen. (...) Aber wo der Appell, die Beschwerde beim Verwaltungsgericht und beim Bundesverfassungsgericht ohne Erfolg bleibt, endet die Pflicht zur Hilfe nicht (...). Es ist christlich geboten, notfalls von der Abschiebung Bedrohte in unseren Gemeinden aufzunehmen, notfalls zu verstecken. (...) Mehr als die Schweiz oder Frankreich, die Niederlande oder Großbritannien hat Deutschland die Grenzen offen zu halten für flüchtende Fremde. Und wo sie das nicht tut, haben wir Christen den Regierenden in den Arm zu fallen, haben wir die Regierenden und die Regierten an Gottes Gebot und Gerechtigkeit zu erinnern." Das formulierte Bischof K. Scharf in einer Ansprache Ende Januar 1987.

Im Jahr 1983 wurden in Berlin-West 5600 Asylanträge gestellt. Der damalige Innensenator meldete Erfolg: Rückgang von monatlich bis zu 1200 Anträgen auf 450. Und: Senkung der Aufnahmequote in Berlin von 4,7% auf 2,7%. Selbst wenn alle 18000 Asylsuchenden, die sich damals in der Stadt aufhielten, anerkannt worden wären, hätten nach der Verteilung auf alle Bundesländer ganze 486 Menschen mehr in Berlin-West gelebt.

In der Sylvester-Nacht 1983/84 verbrannten 6 Flüchtlinge in der Abschiebehaft in unmittelbarer Nähe unserer Gemeinde:

Die später eingeleitete Untersuchung des Vorfalls ergab, daß Häftlinge von Beamten nach Ausbruch des Brandes eingeschlossen wurden und sich so nicht in Sicherheit bringen konnten. Wichtige Zeugen wurden unvermittelt ins Ausland abgeschoben. In diesem Zusammenhang wurde bekannt, daß der zuständige Amtsarzt bereits seit 1977 die unerträglichen Bedingungen der Abschiebehaft kritisiert hatte (Verweildauer bis zu 9 Monaten, hohe Dosen von Beruhigungsmitteln, kein Kontakt nach außen, keine Unterhaltungsmöglichkeiten, oft nicht einmal rechtsanwaltliche Betreuung). Seit Oktober 1982 kam es wiederholt zu einzelnen und gemeinsamen Selbstmordversuchen, ergänzt durch Hungerstreiks, Brandstiftungen, Aggressionsausbrüche. Am 13. August 1983 stürzte sich Cemal Altun während einer Verhandlung aus dem 6. Stock des Verwaltungsgerichts zu Tode, obwohl die Anerkennung als Flüchtling durch das Bundesamt bereits vorlag.

Mit einigen Kollegen und Kolleginnen aus den umliegenden Gemeinden standen wir am 1. Januar 1984 vor dem Eingang der Abschiebehaft, erschüttert darüber, daß Menschen erst verbrennen müssen, bevor wir auf ihre Hilferufe aufmerksam werden; daß wir in nächster Nachbarschaft solcher Katastrophen ahnungslos predigen und Gottesdienst halten. Das nächste Treffen des Pfarrkonvents galt diesem Thema. Nach einer Einführung über die Situation der Flüchtlinge in der Stadt suchte der Pfarrkonvent in seiner weiteren Diskussion nach einer Antwort auf die Frage: Wie verhalten wir uns zu der Tatsache, daß wir in unseren Gemeinden auf einen Teil der Dritten Welt in Gestalt der Flüchtlinge treffen? Wie können wir selbst als christliche Gemeinden Beteiligte werden, wenn es diesen Flüchtlingen offensichtlich schlecht geht? Es wurden verschiedene Vorschläge diskutiert:

- Besuche organisieren,
- Stellungnahmen des Pfarrkonvents,
- Patenschaften für einzelne Familien,
- Flüchtlinge in Gemeinden unterbringen (verbunden mit entsprechenden Vorschlägen an Gemeindekirchenräte),
- Wertgutscheine eintauschen,

– Begleitung bei Behördengängen,
– Besuche von Flüchtlingen in Abschiebehaft (Namen von Flüchtlingsrat und Rechtsanwälten erfragen),
– Einrichtung einer Beratungsstelle für den Steglitzer Bereich.

Zur Klärung dieser und anderer Fragen und Probleme, vor allem auch, um noch weitere Sachkenntnis zu erlangen, beschloß der Pfarrkonvent, eine ‚Arbeitsgruppe Asyl im Kirchenkreis Steglitz' (ASYL-AG) einzurichten, die sich zunächst wöchentlich, später zweiwöchentlich traf. Am 2. Mai griff der Pfarrkonvent das Thema Asyl wieder auf. Ein Kreuzberger Kollege informierte noch einmal über die katastrophale Situation der Flüchtlinge und konnte darüber hinaus vor allem auch an Hand der in seiner Gemeinde gemachten Erfahrungen beschreiben, wie sich eine Gemeinde in einer solchen Situation sinnvoll zu engagieren vermag.

Inzwischen hatte die ASYL-AG ihre Arbeit aufgenommen, Adressen von Flüchtlingsunterkünften im Bezirk ausfindig gemacht und Flüchtlinge in ihren Heimen besucht. Die Orientierungslosigkeit und Hilflosigkeit der Flüchtlinge und die verheerenden Bedingungen, unter denen sie in ihren Unterkünften lebten, waren z. T. ebenso offenkundig, wie die Absicht der Heimbetreiber, mit Hilfe der Tagessatzeinnahmen aus Sozialhilfemitteln – in einem Fall zwischen 40 000 und 60 000 DM monatlich – das eigene Haus etagenweise zu sanieren und den Flüchtlingen sobald als möglich wegen ruhestörenden Lärms im Wiederholungsfall zu kündigen.

Aus diesen ersten Kontakten und Erfahrungen schienen der AG regelmäßige Besuche, wenn nicht feste Sprechstunden in den Heimen dringend erforderlich. Dieses Anliegen wurde dann den jeweiligen Gemeinden vorgetragen mit der Bitte, sich durch das eine oder andere Kontaktangebot zu beteiligen (Besuche, Einladungen zu Gemeindeveranstaltungen oder nach Hause). Dazu mußte Kontakt mit den Heimbetreibern aufgenommen werden, ebenso mit den zuständigen Behörden, gegebenenfalls fachliche Hilfe vermittelt werden (Rechtsanwälte, Ärzte, Sozialarbeiter u. ä.).

Es war sicher ein erster, aber im Bewußtsein aller Beteiligten entscheidender Schritt, die alltägliche Diskriminierung der Flüchtlinge überhaupt zur Kenntnis zu nehmen und diesen Vorgang soweit wie möglich öffentlich bewußt zu machen: „Die Kirche" sucht nach Möglichkeiten, Flüchtlinge auf ihrem Weg ein Stück zu begleiten, besonders, wenn sie in Not sind und Hilfe brauchen.

Nicht immer war der Zugang zu einzelnen Einrichtungen ohne weiteres möglich. Dann war es von Vorteil, wenn solche Einrichtungen im Bereich von Kirchengemeinden lagen und die Pfarrer darauf hinweisen konnten, daß „die Kirche" ganz sicher eine Behinderung ihrer seelsorglichen Arbeit darin sehen müsse, wenn ihr der Kontakt zu Menschen im Bereich ihrer Gemeinde verwehrt würde. Dieser Hinweis genügte meist, um dann doch Zugang zu bekommen. Nachdem die ASYL-AG sich Anfang Juni eine erste Übersicht über die Situation im Kirchenkreis verschafft hatte, wandte sie sich mit der Bitte um Mithilfe an alle Gemeinden. Zugleich bot sie den Gemeinden auch Unterstützung an.

Die Einrichtung dieser Arbeitsgruppe, die sich vor allem aus Pfarrern sowie Mitarbeitern einer Beratungsstelle des Diakonischen Werkes im Kirchenkreis zusammensetzte, erwies sich als vorteilhaft für die weitere Entwicklung das Engagements in den Gemeinden. Die Mitglieder verfügten zwar über keinerlei Vorerfahrungen, konnten jedoch im Rahmen dieses selbstgewählten Schwerpunktes Möglichkeiten finden, um einerseits die Situation im Kirchenkreis zu recherchieren, die interessierten Gemeinden mit Informationen zu versorgen. Andererseits war es möglich, sich im Kontakt mit anderen Gemeinden, mit Beratungsstellen, dem 1983 gegründeten Flüchtlingsrat, dem Ausländerbeauftragten der Evangelischen Kirche in Berlin-West und verschiedenen Menschenrechtsorganisationen über die Gesamtentwicklung im Flüchtlingsbereich zu informieren. So konnten sich Gemeinden bzw. Gemeindekirchenräte vor ihren Entscheidungen beraten lassen, für ihr eigenes Engagement Unterstützung holen.

Auf Beschluß der Kreissynode bzw. des Kreiskirchenrates wurden mehrere kreiskirchliche Kollekten für die Asylarbeit bestimmt und eine entsprechende Haushaltsstelle eingerichtet. Auf

Gemeindeebene wurde z. T. ähnlich verfahren, so daß auch eine schnelle Unterstützung in besonderen Notfällen möglich war. Dazu trugen vor allem eine Reihe von Diskussionsveranstaltungen bei, in denen Mitarbeiterinnen und Mitarbeiter aus Beratungsstellen, Rechtsanwälte, Ärzte, Theologieprofessoren, Vertreter des United Nations High Commissioner of Refugees (UNHCR) usw. aus ihren alltäglichen Erfahrungen in der Flüchtlingsarbeit berichteten bzw. diese Erfahrungen unter politischen, humanen und christlichen Gesichtspunkten zu deuten versuchten.

Die zweite Informationsquelle waren eigene Erfahrungen. Dazu gehörten Besuche in Flüchtlingsunterkünften, in denen der Putz von Wänden und Decken fiel, ein alter elektrischer Zwei-Platten-Kocher für 16 Personen einschließlich zweier Säuglinge zur Verfügung stand und klapprige Stühle nur gegen eine Leihgebühr von 2 DM bei einem meist betrunkenen Aufseher zu haben waren. Menschen, die in ihrer Angst kaum wagten, diese Art von „Unterkunft" zu verlassen. In anderen Unterkünften litten vor allem die Kinder unter der Isolation. Die Erwachsenen kamen mit der Sprache und den Gewohnheiten einer „unwilligen" deutschen Bürokratie nicht zurecht. Das geringe Bargeld reichte nicht einmal, um täglich mehrere Wege mit öffentlichen Verkehrsmitteln zurückzulegen; hier mußten Beratungsstellen und Kirchengemeinden mit Fahrkarten aushelfen, sollten Anzeigen und Strafen wegen Schwarzfahrens vermieden werden.

Neben den Flüchtlingsunterkünften hinterließen vor allem die ersten Besuche in der Abschiebehaft schockierende Eindrücke. Ein mit hohen Dosen Valium „beruhigter" Ghanaer in der Abschiebehaft Augustaplatz klagte über die typischen Folgewirkungen dieses Medikaments: Seit neun Monaten sitze er in Abschiebehaft, ohne zu wissen, wie es nun weitergehe, ohne irgendeine Information von seiner Frau in Ghana, ohne irgendeine Möglichkeit, sich zu beschäftigen, Tag und Nacht grübelnd und eingesperrt mit acht anderen Abschiebehäftlingen aus unterschiedlichsten Ländern. Abschiebehäftlinge, die „zur Beruhigung" in Blechcontainer eingesperrt wurden von der Größe 100×120×220 cm – ohne Fenster. Menschen, die direkt bei der

Einreise von Ost-Berlin verhaftet, in Abschiebegewahrsam genommen wurden, aber wegen unzureichender Papiere nicht abgeschoben werden konnten. Niemand außerhalb wußte überhaupt von ihrer Existenz; so war natürlich auch der Beistand eines Rechtsanwalts ausgeschlossen.

In fast allen Gruppen der Gemeinde und im Gottesdienst werden die Erfahrungen weitererzählt und oft heftig diskutiert. Was da zu hören ist, macht betroffen, läßt nach Handlungsmöglichkeiten suchen, weckt die Sorge, sich hier zu engagieren würde über unsere Kräfte gehen; anderes müßte vernachlässigt werden. Einige sehen darin eine gute Möglichkeit, ihrer Überzeugung, ihrem Glauben einen angemessenen Ausdruck zu verleihen.

Mitte Juni wendet sich die Asyl-AG mit Handlungsvorschlägen und Informationsangeboten an die Gemeinden des Kirchenkreises. Vor allem Mitarbeiterrunde und Gemeindekirchenrat nehmen diese Vorschläge zum Anlaß, um sich genauer zu informieren. Der Gemeindekirchenrat beschließt daraufhin, in dreifacher Hinsicht Stellung zu nehmen:

1. Er protestiert beim Innensenator gegen die diskriminierende Behandlung von Flüchtlingen u. a. wegen der verfügten Wertgutscheine und Ausweiskarten und beabsichtigt dies auch gegenüber der Firma Karstadt zu tun, die weiterhin auf dieser Praxis besteht. Damit greift er konkret in eine politische Auseinandersetzung ein.

2. Er beschließt, die Arbeit einer Beratungsstelle, zu der gute und hilfreiche Kontakte bestehen, regelmäßig finanziell zu unterstützen.

3. Er beschließt außerdem, ein Gemeindeseminar als öffentliche Informationsveranstaltung durchzuführen, bei dem Vertreterinnen und Vertreter aus allen wesentlichen Bereichen der Flüchtlingsarbeit und ein Vertreter des Senators für Inneres berichten und für Fragen zur Verfügung stehen sollen.

Inzwischen haben andere Kirchenkreise und auch die Landessynode sich deutlich gegen die Behandlung der Flüchtlinge als Menschen zweiter Klasse ausgesprochen und festgestellt, daß die derzeitige Alltagsrealität eines Asylbewerbers „eine schwere Belastung unseres christlichen Gewissens darstellt".

Am 10. Oktober 1984 beschließt der Innensenator, den Abschiebestop für libanesische Staatsangehörige und staatenlose Palästinenser in den Libanon aufzuheben. Wenige Wochen zuvor noch hatte der Regierende Bürgermeister öffentlich erklärt: „Es ist seitens des Senats nicht beabsichtigt, den Abschiebestop libanesischer Staatsangehöriger bzw. Staatenloser in den Libanon aufzuheben, bevor nicht dauerhaft friedliche Verhältnisse in diesem Land hergestellt sind."

Daraufhin überreicht das Diakonische Werk dem Innensenator eine Dokumentation, die an Hand verschiedenster internationaler Quellen und Stellungnahmen belegt, daß aufgrund der lebensbedrohlichen Krisensituation im Libanon eine zwangsweise Rückführung nicht erfolgen darf.

Angesichts der Gefahr, daß einige Hundert Menschen, darunter ganze Familien mit kleinen Kindern, in ein Bürgerkriegsgebiet abgeschoben werden sollen, verabreden mehrere Kirchengemeinden in verschiedenen Bezirken der Stadt eine Zusammenarbeit, um gegebenenfalls derart an Leib und Leben bedrohte Menschen bei sich aufzunehmen. Dieser Arbeitskreis „Asyl in der Kirche" trifft sich von nun an monatlich, um Veranstaltungen mit Politikern, Kirchenvertretern, Journalisten und Mitarbeitern in Flüchtlingshilfegruppen vorzubereiten und durchzuführen; um Beratung und Unterstützung für Gemeinden zu organisieren, die Kirchenasyl gewähren; um zum Schutz der Flüchtlinge auf die zuständigen politischen Gremien einzuwirken und entsprechende Unterstützung innerhalb der Kirche zu bekommen. Die Heilig Kreuz-Gemeinde, die nun zum ständigen Treffpunkt des Arbeitskreises wird, unterhält eine Beratungsstelle für Flüchtlinge. Eine Gruppe von Rechtsanwälten und Ärzten hat ihre (teilweise kostenlose) Mitarbeit zugesagt.

Die Synode der Evangelischen Kirche in Berlin-West bittet am 18. November 1984 eindringlich die verantwortlichen Politiker, „(...) keine zwangsweise Rückführung von Libanesen, Palästinensern und anderen Volksgruppen vorzunehmen, solange dies, wie zur Zeit gegeben, eine Bedrohung ihres Lebens darstellt".

Der Gemeindekirchenrat (GKR) der Johannes-Gemeinde beschließt am 28. November noch unter dem Eindruck des Gemeindeseminars vom 13. Oktober und dem sich daraus entwickelnden Engagement: „Der GKR erklärt sich bereit, im Notfall einer von der Abschiebung bedrohten Familie vorübergehend Unterkunft zu gewähren oder zu vermitteln. Die Details werden auf einer gegebenenfalls kurzfristig einzuberufenden Sondersitzung geklärt."

Ein der Gemeinde nahestehender Verein erklärt sich bereit, bei Bedarf seine Büroräume für die Aufnahme einer Familie zur Verfügung zu stellen. Einzelne Mitarbeiter und Mitarbeiterinnen sind auch bereit, sich an der ständigen Betreuung zu beteiligen.

Am 18. April 1985 informiert uns die Beratungsstelle des Arbeitskreises „Asyl in der Kirche" darüber, daß die Abschiebung einer palästinensischen Familie mit fünf kleinen Kindern in den Libanon unmittelbar bevorstehe. Der Mann sei bereits verhaftet, nach der Frau sei morgens im Heim gefahndet worden. Nur durch zufällige Abwesenheit sei sie mit den Kindern einer Verhaftung entgangen. Sie und die Kinder müßten umgehend untergebracht werden. Eine Stunde später stehen sie, begleitet von einer Mitarbeiterin der Beratungsstelle, vor der Tür. Einige von uns versuchen, so schnell wie möglich die beiden Büroräume umzuräumen und für den neuen Zweck einzurichten. Andere nehmen Kontakt mit dem Rechtsanwalt auf, informieren sich eingehend und laden den Gemeinde-Kirchenrat zu einer Sondersitzung am folgenden Tag ein.

Nach eingehender Beratung, für die auch der Rechtsanwalt zur Verfügung steht, beschließt der GKR dann die Aufnahme „in Anbetracht der derzeitigen Situation im Libanon". Da möglicherweise sehr schnell entschieden und gehandelt werden muß, bildet der GKR zugleich einen Ausschuß, der weitgehende Handlungsvollmacht bekommt und dem GKR in den üblichen Sitzungen berichtet. Am folgenden Tag werden der Leiter der Ausländerbehörde und der Polizeipräsident schriftlich von dem Beschluß des GKRs informiert: „(...) Wir bitten Sie mit allem Nachdruck, die bestehende Trennung der Familie aufzuheben, Herrn L. aus der Abschiebehaft zu entlassen und der Familie aus humanitären Gründen vorläufig den weiteren Aufenthalt in Berlin zu gestatten. Angesichts der für die Familie unzumutbaren Situation bitten wir dringend um ein Gespräch mit Ihnen noch in dieser Woche, um die anstehenden Fragen zu klären.“ Zugleich informiert der GKR die Kirchenleitung über den Beschluß und bittet um ein Gespräch mit Vertretern anderer Gemeinden, die ebenfalls bereit sind, Flüchtlinge aufzunehmen.

Unter den Beteiligten in unserer Gemeinde ist man sich einig, daß es nicht darum gehen kann, Flüchtlinge lediglich zu verstecken. Jeder Schritt in die Illegalität hinein muß schließlich wieder zurückgegangen werden. Deshalb bemüht sich die Gemeinde von Anfang an um ein Moratorium; obwohl bereits in letzter Instanz anders entschieden wurde, sucht sie das Gespräch mit den zuständigen Behörden, um eine ihrer Meinung nach nicht hinreichend berücksichtigte Härte zur Geltung zu bringen. Deshalb nimmt sie umgehend mit den zuständigen Stellen Kontakt auf und bietet sich als Gesprächspartnerin an.

So gibt es zunächst keine Notwendigkeit, den genauen Aufenthaltsort des Flüchtlings bzw. der Familie mitzuteilen. Die Gemeinde unterstellt jedenfalls eine gewissermaßen stillschweigende Duldung, solange das gemeinsame Bemühen um eine Lösung andauert. Offen bleibt dabei die Frage, inwieweit bereits darin ein Verstoß gegen bestehende Gesetze zu sehen ist. Die direkt Beteiligten sind sich allerdings dessen bewußt, daß sich in diesem Zusammenhang Gesetzesverstöße ergeben können und nehmen gegebenenfalls eine entsprechende Bestrafung in Kauf. Immer werden Fragen erörtert wie: Welche Situationen sind denkbar? Was will ich, und was kann ich tun? Was kann ich, wenn ich nicht will, gegebenenfalls anderen überlassen? Wo habe ich grundsätzliche Bedenken? Auf was habe ich als „Persönlichkeit des öffentlichen Lebens“ Rücksichten zu nehmen? Wie weit trägt mich meine ganz persönliche Motivation? Was ist der rechte, der angemessene Ausdruck meines Glaubens?

Da es sich um eine öffentliche Auseinandersetzung handelt, in der grundlegende Fragen des Verhältnisses von Kirche und Staat berührt werden, sind die aufnehmenden Gemeinden auch an einer innerkirchlichen Öffentlichkeit interessiert. Wir suchen in unserem zeichenhaften Handeln nicht nur die Unterstützung durch andere Gemeinden, sondern versuchen auch, unsere kirchlichen Gremien zu einer Stellungnahme zu veranlassen. Innerkirchliche Öffentlichkeit – das ist vor allem auch die eigene Gemeinde: Inwieweit kann der Gemeinde-Kirchenrat, können einzelne Engagierte überhaupt „im Namen der Gemeinde" handeln, Stellungnahmen abgeben? Welche Art von innergemeindlicher Öffentlichkeit ist nötig, um möglichst viele an diesem Prozeß zu beteiligen? Wie reagieren die Menschen, wenn eine christliche Gemeinde plötzlich aus Gründen ihres Glaubens meint, sich in politische Auseinandersetzungen einmischen zu müssen? Einige wenden sich kopfschüttelnd ab und meiden fortan unsere Gottesdienste. Andere sehen in diesem Engagement nach manchmal jahrelanger Distanz zur Kirche genau das, was sie längst vermißt haben, beteiligen sich, treten wieder ein.

Läßt sich mit dem beschriebenen „öffentlichen Vorgehen" keine Lösung herbeiführen, dann muß u. U. die Auseinandersetzung weiter ausgedehnt werden: die Mitglieder des parlamentarischen Ausländerausschusses müssen möglichst in Einzelgesprächen informiert und vorab um eine Stellungnahme gebeten werden; darüber hinaus weitere Vertreter der Parteien, bekannte Persönlichkeiten des öffentlichen Lebens, Menschenrechtsorganisationen.

Am 21. April 1985 findet ein erstes Treffen aller Beteiligten aus der Gemeinde, zusammen mit dem Rechtsanwalt, in der Fluchtwohnung statt. Für die bisher improvisierte Betreuung muß ein Konzept entwickelt werden. Dabei geht es darum, recht verschiedenen Anforderungen gerecht zu werden: Zunächst besteht die Gefahr, daß die Frau mit ihren Kindern verhaftet wird. Es müssen also geeignete Maßnahmen für ihre Sicherheit getroffen werden; mindestens so lange, bis eine Zusage der Ausländerbehörde bzw. des Senators für Inneres vorliegt, daß sie bzw. er bereit ist, unser Gesprächsangebot anzunehmen und in dieser Zeit von aufenthaltsbeendenden Maßnahmen abzusehen. Das bedeutet: Jemand von uns muß ständig „in Reichweite" sein. Da die Mutter eine arabische Frau ist, können das in unmittelbarer Nähe nur Frauen sein. So finden sich nach kurzer Zeit 14 Frauen, die abwechselnd bereit sind, sich um die Frau und die Kinder zu kümmern. „In Reichweite" heißt aber auch, daß vor allem die

Mitglieder des GKR-Ausschusses und der Rechtsanwalt, aber auch andere Gemeindeglieder relativ schnell zu mobilisieren sein müssen.

Darüber hinaus muß überlegt werden: Wie werden sich die Nachbarn verhalten? Was geschieht bei drohender Verhaftung? Wie kann ich und wie will ich mich verhalten? Worauf ist unbedingt zu achten? Was überlasse ich besser anderen? Fragen, die sich theoretisch kaum beantworten lassen, vielmehr sehr stark abhängig sind von dem Kontakt zu der Frau, zu den Kindern. Ihre persönliche Geschichte zu hören, ihre Angst vor dem Krieg zu spüren, wenn in der Tagesschau Bilder von Schießereien im Libanon zu sehen sind, sich ihr über Jahre des Kämpfens und Leidens erworbenes Wissen anzueignen über so etwas wie Bürgerkrieg – all das, nur zu erfahren im persönlichen Kontakt, verdichtet sich schließlich zu einer ständig sich vertiefenden Einsicht: Abschiebung darf nicht sein.

Die Bewegungsfreiheit der Familie wird zunächst erheblich eingeschränkt. Außenkontakte – Einkaufen, Arztbesuche usw. – sind nur in Begleitung möglich. Die damit verbundene Isolation, verstärkt durch die Trennung vom Mann, die immer wieder – auch in nächtlichen Träumen – auftauchenden Ängste, die Ungewißheit über die Zukunft, zugleich die Verantwortung für die Kinder – d. h. sich selber derart abhängig zu fühlen, während andere über Leben und Zukunft entscheiden und diese Entscheidung sich womöglich ständig hinauszögert –, das alles kann zu erheblichen inneren Spannungen führen, verlangt der Frau und den Kindern bei aller Unterstützung von unserer Seite enorm viel Kraft ab.

In dieser ohnehin angespannten Situation teilt der Mann dem Rechtsanwalt aus der Abschiebehaft mit, daß seine Abschiebung offenbar unmittelbar bevorstehe. Der Rechtsanwalt und ein Mitglied des GKR-Ausschusses fahren sofort in die Abschiebehaft. Die Beratungsstelle nimmt Kontakt mit dem UNHCR auf. Ein Gespräch mit Kirchenleitung bzw. Bischof wird angebahnt. Der Mann reagiert depressiv auf die drohende Abschiebung und die Sorge um seine Familie. Die Frau erklärt später, daß sie am Ende ihrer Kräfte ist: „Wenn mein Mann abgeschoben wird, fliege ich mit den Kindern mit. Lieber alle tot im Libanon, als noch länger getrennt.“ Nun ahnen wir, was es damit auf sich haben mag, wenn der Senator des Inneren mitteilen läßt, daß wieder 10 Libanesen „freiwillig“ zurückkehren.

Es gibt mehrere Krisensitzungen unseres Teams (GKR-Ausschuß, Betreuerinnen, Rechtsanwalt) mit dem Ergebnis: Wir lassen uns nicht erpressen! Wir entscheiden uns, dafür zu sorgen, daß die Eheleute täglich miteinander telefonieren können, was die Situation nicht immer erleichtert. Zugleich wird nach längerer Diskussion mit Mitgliedern des Gemeinde-Kirchenrats beschlossen, „in die Öffentlichkeit zu gehen“, d.h. über die direkt betroffenen Stellen hinaus sollen Parteienvertreter angesprochen, ein Antrag an den Petitionsausschuß gestellt, und die Medien informiert werden.

Kurz danach lädt der Arbeitskreis „Asyl in der Kirche“ zu einer Pressekonferenz ein, auf der der Rechtsanwalt den Text der Petition vorstellt und zugleich Vertreter von acht anderen Kirchengemeinden erklären, daß diese Gemeinden ebenso bereit sind, Flüchtlinge aufzunehmen. Zugleich wird eingeladen zu einer Podiumsdiskussion mit Vertretern der Parteien, Mitgliedern der Kirchenleitung und Professor Gollwitzer zur Frage der Abschiebung in den Libanon.

In einem weiteren Schreiben an den Senator des Inneren bittet die Johannes-Gemeinde noch einmal, „wehrlose Menschen, insbesondere kleine Kinder, nicht in Kriegsgebiete zurückzuschicken, in denen ihnen Gefahr an Leib und Leben droht. Wir bitten Sie, den Fall der Familie L. noch einmal zu prüfen und sich für eine umgehende Zusammenführung der Familie, d.h. eine Entlassung des Herrn L. aus der Abschiebehaft sowie eine weitere Duldung der Familie einzusetzen“. Etwa zur gleichen Zeit erklärt der Innensenator: „Die nicht abreißende Flut von Asylbewerbern aus aller Herren Länder, die sich seit geraumer Zeit über unser Land ergießt, hat eine Situation entstehen lassen, die die Politik unseres Landes zu sofortigen und durchgreifenden Maßnahmen zwingt. Die Aufnahmefähigkeit Berlins ist erschöpft und die Unterbringung weiterer Ausländer ist weder organisatorisch möglich, noch ist sie der Bevölkerung zuzumuten. (...) Es wäre vermessen zu glauben, unser Land könne die Arche Noah für die ganze von sozialen, ethnischen, wirtschaftlichen und kriegerischen Unruhen geschüttelte Welt sein. Die Bundesrepublik ist durch das derzeitige Asylrecht, das Millionen von Menschen die Möglichkeit gibt, für Jahre oder für immer auf unsere Kosten in Deutschland zu leben, überfordert."

Und die Landessynode wendet sich mit der dringenden Bitte an die Gemeinden, „(...) Asylsuchenden Hilfe zu gewähren und andere Gemeinden, die diese Hilfe leisten, zu unterstützen (...). Der Senat wird gebeten, die nach unseren Ermittlungen in Berlin stattfindenden Abschiebungen in den Libanon sofort einzustellen, da die gegenwärtige Lage im Libanon das verbietet".

Nach der Pressekonferenz und der Podiumsdiskussion erscheinen mehrere Zeitungsartikel (‚Die Kirche bittet, der Senat schiebt ab'). Zwei Rundfunkinterviews werden gesendet. Inzwischen wächst der öffentliche Protest gegen die Abschiebepraxis des Innensenators. Kirchenleitung und Synode erinnern an die Verantwortung, die wir für solche Entscheidungen zu tragen haben, die das Leben anderer gefährden. Der Innensenator kritisiert derartige Einwände und insbesondere das dazu gehörige Engagement als „Mißbrauch des Heiligenscheins".

Am 21. Mai 1985 macht das ZDF Fernsehaufnahmen und ein Interview mit Vertretern der Johannes-Gemeinde und der Mutter mit ihren Kindern vor dem Eingang zur Kirche. Die ganze Anspannung der letzten Wochen äußert sich vor der laufenden Kamera in den Tränen der Kinder. Am nächsten Tag – mit dem Hinweis auf die zuvor bei uns gemachte Aufnahme mit der Familie, die abends gesendet werden soll – interviewt derselbe Reporter den Innensenator zur Forderung nach einem Abschiebestop in den Libanon und besonders zur Familie L.

Noch am selben Tag beschließt das Parlament: „Das Abgeordnetenhaus von Berlin kommt zu der Überzeugung, daß die Situation im Libanon z.Zt. so ist, daß Abschiebungen gegenwärtig nicht vollzogen werden sollten. – Sollte der Innensenator im Einzelfall eine Abschiebung für notwendig erachten, so werden die Sprecher des Abgeordnetenhauses vorher informiert (...)." Am 24. Mai gibt es nach zähen Verhandlungen mit der Innenverwaltung aufgrund eines Haftprüfungstermins für Herrn L. Hafturlaub bis zum 20. Juni. Herr L. wird von uns nachmittags aus der Abschiebehaft abgeholt und zu seiner Frau und seinen Kindern gebracht. Die Freude der Eheleute und der Kinder, das dankbare Aufatmen aller Beteiligten setzt sich fort bis in den zwei Tage später folgenden Pfingstgottesdienst. Hier wird ausführlich berichtet, ebenso in der routinemäßigen Sitzung des Gemeinde-Kirchenrats am folgenden Tag. Dabei werden immer wieder Bedenken gegen das Einschalten der Medien vorgebracht. Der Schritt vom „Tun des Guten im Verborgenen" hin zu einer öffentlichen Auseinandersetzung, zum Einmischen in politische Angelegenheiten fällt schwer.

Am 30. Mai findet ein großes Fest statt im Gemeindesaal. Eingeladen sind besonders alle, die an diesem Kirchen-Asyl bisher beteiligt waren. Das Ehepaar freut sich, die Kinder tanzen, wir singen ‚We shall overcome (...).' und erinnern uns gegenseitig an die biblischen Geschichten vom Auszug aus Not und Unterdrückung. Wenige Tage danach stellt sich heraus, daß der Innensenator sich nicht an seine Zusage hält und Abschiebungen weiter stattfinden – ohne den vorgesehenen Kontakt mit den Sprechern des Abgeordnetenhauses. Die Ausländerbehörde erklärt, daß Herr L. bei der Vorsprache am 19. Juni durchaus wieder verhaftet werden kann. Wir informieren die Sprecher der Parteien, die bereit sind, im Falle einer Verhaftung sofort zu kommen. Tatsächlich bekommt Herr L. zunächst eine Fristverlängerung bis zum 10. Juli, dann eine Duldung für drei Monate.

Die Aufnahme der Familie L. war in dieser Zeit nur eine von mehreren Handlungsmöglichkeiten in der Begegnung mit Flüchtlingen. Im Anschluß an das Gemeindeseminar am 13. Oktober 1984 mit dem Thema ‚Asylbewerber in Berlin – Was können wir tun?' bildeten sich besondere Arbeitsgruppen in der Gemeinde.

Vorangegangen waren eine Reihe von Besuchen in den Berliner Abschiebehaftanstalten Kruppstraße und Augustaplatz, zunächst gemeinsam mit den beiden zuständigen Gefängnispfarrern, dann auch – mit meinem Dienstausweis und nach längeren

Verhandlungen – allein und im Anwaltsraum, d.h. ohne Trennscheibe und unabhängig von der Besuchszeit. In den Gesprächen mit den Flüchtlingen bekam ich einen erschütternden Eindruck von ihrer verzweifelten Situation und den unmenschlichen Haftbedingungen.

Aufgrund meiner Berichte bildet sich eine Abschiebehaft-Gruppe. Die Absicht ist, als Gruppe aus den örtlich zuständigen christlichen Gemeinden in der Einrichtung betreuend präsent zu sein und allein durch die ständige „öffentliche Aufmerksamkeit" für die alltäglichen Vorgänge dort Übergriffe zu verhindern. Kontakt- und Unterhaltungsangebote sollen eingerichtet werden und zu einer wenigstens minimalen Entspannung beitragen. Soweit erforderlich, wollen wir Ärzte, Rechtsanwälte und Berater vermitteln. Eine praktische Forderung ist: Der durch den Brand in der Sylvesternacht beschädigte Raum soll nicht mehr belegt, sondern zu einem dringend nötigen Aufenthaltsraum mit Unterhaltungsmöglichkeiten werden (Tischtennisplatte, Fernseher). Wir besorgen arabische Zeitungen, englischsprachige Bücher, Kaffee, Zigaretten. Anfang Dezember beginnen wir mit der Vorbereitung einer gemeinsamen Weihnachtsfeier in einem der größeren Zellenräume. Nach sorgfältiger Prüfung und verschiedenen Absprachen sitzen wir dann am 19. Dezember mit fast allen Flüchtlingen in einem Raum an den Tischen. Es gibt Kaffee aus Pappbechern und Plätzchen und viele Einzelgespräche. Einige befinden sich im Hungerstreik wegen der Mißstände. Als wir das erfahren, gehen wir zu ihnen, laden sie ein, aber ohne Erfolg. Bei einem der nächsten Besuche erfahre ich, daß der Sprecher und Dolmetscher der Flüchtlinge nach der Feier in Einzelhaft gekommen ist.

Anfang Januar 1985 gelingt es, in Verhandlungen mit dem Leiter und den Mitarbeitern der Ausländerpolizei, den Gefängnispfarrern und Vertretern des Konsistoriums zu verabreden, daß wenigstens die Personen nicht länger in Abschiebehaft gehalten werden, die bereit sind, auszureisen, aber z.B. nicht über die erforderlichen Papiere verfügen. Sie sollen freikommen, wenn einer von fünf Pfarrern, die sich dazu bereiterklärt hatten, eine Bürgschaft für sie übernimmt. Im folgenden Jahr wird auf Antrag der Abschiebehaft-Gruppe eine ABM-Kraft zur Unterstützung ihrer Arbeit eingestellt.

Ähnlich der Abschiebehaft-Gruppe interessieren sich etwa zehn Gemeindemitglieder mittleren Alters für einen Kontakt zu den Flüchtlingen, die im Gemeindebereich untergebracht sind. Sie laden die Flüchtlinge einmal im Monat ins Flüchtlingscafé ein. Manchmal kommen Freunde und Bekannte aus anderen Stadtbezirken mit. Es wird miteinander Kaffee getrunken, erzählt, manchmal auch gemeinsam gekocht und gegessen. Gelegentlich wird daraus ein regelrechtes Fest mit Musik aus den jeweiligen Heimatländern und Tanz. Es kommen vor allem jugendliche Flüchtlinge und einige Familien mit kleinen Kindern aus Ghana, Eritrea, Libanon. Über die monatlichen Treffen hinaus entstehen private Einzelkontakte mit praktischer Hilfe verschiedenster Art (Wohnungssuche, Umzug, Begleitung zu Behörden, rechtliche Beratung, Übersetzung, Kinderbetreuung, Deutschunterricht). Musikgruppen beteiligen sich an Gemeindefesten, führen eigene Spielszenen auf zur Situation in ihrer Heimat, zu Verfolgung und Flucht.

Einige Monate lang bereiten sich Flüchtlinge abwechselnd darauf vor, uns in die Geschichte, die aktuelle Situation, die Lebens- und Arbeitsgewohnheiten ihres Landes einzuführen. Im Gemeindebrief wird zu ihren Vortragsabenden eingeladen und darüber berichtet. Gelegentlich interessieren sich auch Rundfunk und Presse für das Unternehmen. Die Sozialarbeiter, die in den Heimen arbeiten, sind bei all dem wichtige Ansprechpartner.

Ein besonderes Projekt ist der Deutschunterricht. Daran sind vor allem sieben Jugendliche aus der Gemeinde beteiligt und – bei immer wieder wechselnder Zusammensetzung – etwa 20 Flüchtlinge. Ende 1984 beginnen sie, in den Heimen und im Jugendkeller Deutschunterricht zu geben, z. T. mit Unterstützung einer Lehrerin. Verbunden damit ist ein Ausflug in den Zoo, weil Lernen und Erleben zusammengehören soll. Ein Jahr später bieten Volkshochschulen entsprechende Kurse für Flüchtlinge an. Zunächst bringt die Gemeinde die Kursgebühren auf, um einen schnellen Einstieg zu ermöglichen. Dann – nach entsprechendem Drängen – übernimmt das Deutsche Rote Kreuz die Kosten.

1986 be- und verarbeitet eine der Jugendgruppen ihre Auseinandersetzung mit der notvollen Situation der Flüchtlinge in einem Theaterstück mit dem Titel ‚Die peinliche Stille'; es wird in unserer und einer Nachbargemeinde mehrmals aufgeführt: Dargestellt werden Begegnungen mit Flüchtlingen im Alltag von Schule und Familie bis hin zum Protest gegen die drohende Abschiebung. 1987 wird eine Honorarkraft eingestellt, die die besondere Aufgabe hat, gemeinsame Projekte mit Jugendlichen der Gemeinde und jugendlichen Flüchtlingen zu begleiten. Mit Disco-Besuchen, Tischtennisturnieren und vielen Gesprächen wird ein Lernfeld gegen Fremdenfeindlichkeit geschaffen.

Seit der Aufnahme der Familie L. gab es in unserer Gemeinde bis heute – Oktober 1992 – noch 6 weitere Aufnahmen. Alle endeten bisher erfolgreich mit Aufenthaltsmöglichkeiten für die Betroffenen. Nicht immer war es die direkte Gefahr für Leib und Leben, die es etwa im Blick auf Abschiebung in den Bürgerkrieg mit dem Mittel des Kirchenasyls abzuwenden galt. Einmal stand eine besondere Krankheit mehr im Vordergrund, dann die drohende Trennung einer Familie. In einem Fall ging es um einen Straftäter; in einem anderen um die besondere Gefährdung von Frauen. In zwei Fällen war das Unternehmen nur möglich, weil es eine sehr gute Kooperation mit mehreren Gemeinden gab (eine Gemeinde stellt den Raum, eine andere betreibt die Aufnahme). Bei einer Familie war die Pressekonferenz für den Fall der damals offenbar bevorstehenden Verhaftung schon fast fertig vorbereitet. Es kam dann doch nicht dazu. Immer wieder ging es darum, sich mit neuen Aspekten vertraut zu machen. In einer zum Thema ‚Frommsein und Fremdsein' erarbeiteten Predigtreihe, in Andachten und Gottesdiensten und vielen Gesprächen versuchten wir, uns Rechenschaft zu geben über unser Handeln im Blick auf die Grundlagen unseres Glaubens. Die Zahl der Kirchenasyl gewährenden Gemeinden ist inzwischen auf etwa 50 in Berlin und dem näheren Umland gewachsen, wobei die Situation in den Gemeinden zwar sehr unterschiedlich ist, sich aufgrund der vielen Erfahrungen jedoch eine Art Grundmuster des Vorgehens herausgebildet hat.

In der Johannes-Gemeinde wie auch im Kirchenkreis ließ das anfangs sehr starke und weite Bereiche des Gemeindelebens erfassende Engagement in den folgenden Jahren nach. Mehrere Faktoren mögen dabei eine Rolle gespielt haben: Dazu gehören sicher eine gewisse Erschöpfung; dann aber auch einige Erfolge – langfristige Patenschaften waren entstanden, für den Deutschunterricht war eine generelle Lösung gefunden worden, mehrere Aufnahmen waren erfolgreich abgeschlossen, für die Mißstände in den Heimen gab es inzwischen eine staatliche Kontrolle. Hinzu kam, daß die Heime im Gemeindebereich nun längerfristig belegt wurden. Die Erstkontakte, die Grundorientierung, die im Flüchtlingscafé vermittelt werden konnten, waren nicht mehr so gefragt. Schließlich änderte sich auch die politische Situation.

Anfang 1991 wurden einige der an diesem Prozeß besonders Beteiligten noch einmal befragt nach den wichtigsten persönlichen Erfahrungen und Einsichten, nach der mutmaßlichen Bedeutung des Engagements für die Flüchtlinge, für die Gemeinde und auch nach den damit verbundenen Hoffnungen bzw. den bewußt gewordenen Grenzen.

Alle bewerteten diese Erfahrung kritisch, aber insgesamt als positiv und außerordentlich wichtig. Als positiv wurde durchweg die „hautnahe" Begegnung mit Flüchtlingen gesehen, das Teilnehmen-Können an ihrer Geschichte, ihrer Flucht, ihrem Alltag hier; das Miterleben ihrer Angst vor Trennung und Abschiebung; das sich Mitfreuen an den „strahlenden Gesichtern", wenn im Deutschunterricht ein guter Kontakt zustande gekommen war, oder gar das Lachen und Weinen der Erleichterung, wenn die Nachricht kam, der Aufenthalt sei nun erst mal gesichert.

Je konkreter die eigenen Erfahrungen waren, um so empörter reagierten alle Beteiligten auf das der Öffentlichkeit immer wieder präsentierte Bild von den kriminellen und schmarotzenden Flüchtlingsströmen aus aller Welt. Hinzu kam das „konkrete/sichtbare Erleben, was eine Behörde mit Menschen machen kann, die ‚rechtlos' sind." (Gemeinde-Kirchenrat). Besonders wichtig für die meisten war auch, sich in dieser bedrängenden Situation nicht als hilflos empfinden zu müssen, sondern in erstaunlichem Umfang Unterstützung zu erfahren (Spenden, Bereitschaft mitzumachen) und vor allem auch neue Fähigkeiten zu entdecken (sich trotz aller Angst am Rande der Legalität zu bewegen, den Balanceakt zwischen beruflichen, familiären Verpflichtungen und der Präsenz in der Fluchtwohnung zu bewältigen, Pressekonferenzen zu arrangieren, mit Politikern zu verhandeln, öffentlich Unterstützung zu organisieren). Die bange Frage hat uns dabei ständig begleitet: Was wird, wenn es nicht gelingt? Wie lange halten wir das durch? Wie werden wir mit einer Enttäuschung fertig? Entscheidend blieb daher dabei aber doch der immer wieder sichtbare Erfolg. „Für die Gemeinde war es besonders wichtig, an einer Stelle die Diskrepanz zwischen ‚Auftrag' und Realität auflösen zu können" (Gemeindekirchenrat). „Für mich und meinen Mann war es eine ganz wichtige Erfahrung, zu erleben, wie Menschen, die uns ihrer Herkunft nach so fremd sind, deren Geschichte wir nicht kennen, die in einem anderen Kulturkreis aufgewachsen sind, für uns so nahe wurden" (Betreuerin bei mehreren Aufnahmen).

Die Bibel weist darauf hin, daß wir als christliche Gemeinde, als Volk Gottes „um das Herz der Fremden wissen" (Ex. 23,9), im Unterschied, im Gegensatz oft zu Behörden und Politikern, die mehr der Furcht vor Wählerstimmenverlust und vor Präzedenzfällen verpflichtet sind. Dieses „Wissen um das Herz der Fremden" und die Öffnung des Herzens sind etwas grundsätzlich anderes als eine Erstanhörung bei der Ausländerbehörde, die mit ihren formalisierten Fragen kaum etwas von dem zu erfassen vermag, was einen Menschen bewegt, der fliehen muß. Seinen innewohnenden Zynismus offenbart dieses Anhörungsverfahren dann, wenn der Betroffene nach einer solchen Schnell-Anamnese auch noch unterschreiben muß, daß er alles gesagt hat und dem Gesagten nichts mehr hinzufügen wird.

Kritisch wurde im Rückblick bemerkt, daß während der Aufnahmezeiten (durchschnittlich etwa zwei Monate) andere wichtige Gemeindeaktivitäten vernachlässigt werden mußten. Hier hätten klarere Abgrenzungen und Absprachen sicher manche Mißstimmung verhindert. In etlichen Fällen ist aus den z. T. recht intensiven Kontakten mit den abschiebungsbedrohten Ausländern eine Art Patenschaft über einige Jahre geworden mit oft weitreichenden Unterstützungsangeboten (Wohnung, Arbeit,

Bürgschaften vermitteln). Dabei hat es auch erhebliche Enttäuschungen mit einem Flüchtling gegeben, der nicht begreifen wollte, daß Flüchtling zu sein auf unabsehbare Zeit harte Arbeit bedeutet. Wieweit wir als Gemeinde mit Überfürsorglichkeit bei den ersten Aufnahmen solche Einsichten verhindert haben, ist uns erst nach und nach klar geworden.

Nach dem Berliner Regierungswechsel 1989 zum SPD/AL-Senat kündigte sich eine gewisse Entspannung an. Mit der Neuregelung für ehemalige Asylantragsteller und Ausländer ohne Rückkehrmöglichkeit schien für die Hauptfluchtländer wenigstens eine vorläufige Lösung gefunden zu sein. Sie wurde allerdings beim nächsten Regierungswechsel 1990/91 mehr als rückgängig gemacht. Ausländerfeindlichkeit und Abwehr von Notleidenden wurde parlamentsfähig. Durch die Öffnung der innerdeutschen Grenzen und den Umbruch in den osteuropäischen Staaten verschlechterte sich die Situation für die Flüchtlinge erheblich. Deutschland – das neu vereinigte – hatte nun sich selbst zum Thema. Ausländer, die hier lebten und meinten, sich mit den Deutschen freuen zu können über die Befreiung zu neuer Einheit, bekamen bald zu spüren, daß sie am wenigsten Grund zur Freude haben sollten.

Das Zerbrechen des bisher alles bestimmenden sozialen und politischen Bezugsrahmens, die drohende Arbeitslosigkeit und eine Politik, die vor allem ihr Großmachtgehabe zu genießen scheint – das alles führt zu einem Klima der Verunsicherung und trägt wesentlich dazu bei, daß die Bereitschaft abnimmt, sich für andere zu öffnen. Der wieder aufkommende alte „Nationalismus“ zusammen mit der Forderung, das Grundrecht auf Asyl zu beseitigen, weist dem Unmut in der Bevölkerung und vor allem auch der rechtsradikalen Gewalt deutlich ihre Opfer zu. Hier wird eine über Jahre in der Politik fest verankerte und praktizierte Abwehr gegenüber Fremden, besonders gegenüber Notleidenden aus anderen Ländern, weitergereicht und trägt ihre verheerenden Früchte. Deutschland schließt die Grenzen nach außen und wird nach innen zunehmend ein Verfolgerland. In diesem Zusammenhang bekommen Kirchenasyl und Kontakt zu Flüchtlingen noch größere Bedeutung. Immer mehr Gemeinden erklären sich bereit, den Verfolgten ihre Räume, ihre Kirchen zu öffnen und das, was irgend möglich ist, zu deren Schutz zu tun – vor allem auch in den neuen Bundesländern.

Im Herbst 1991 wendet sich die Kreissynode Steglitz angesichts der furchtbaren Gewalt gegen Flüchtlinge noch einmal mit der dringenden Bitte an die Gemeinden: Nehmt Kontakt zu den Flüchtlingsheimen im Bereich der Gemeinde auf und haltet diesen Kontakt zum Schutz der Flüchtlinge! Stellt Räume zur Verfügung, die als Fluchtwohnungen genutzt werden können! Helft anderen Gemeinden, die Flüchtlinge aufnehmen! Anfang März 1992 bittet die Beratungsstelle des Arbeitskreises „Asyl in der Kirche" darum, eine aus dem Libanon kommende palästinensische Frau mit ihren vier Kindern in Kirchenasyl aufzunehmen.

Anfang der 80er Jahre war die damals noch vollständige Familie nach Berlin gekommen. Viele ihrer Verwandten kamen in diesen Jahren ebenfalls hierher und haben inzwischen z.T. die deutsche Staatsangehörigkeit erworben. Die schwere Krankheit eines im Libanon verbliebenen Familienmitglieds zwang zur Rückkehr. Der Mann wurde wenig später im Bürgerkrieg erschossen. Als alleinstehende palästinensische Frau sah sie keine Möglichkeit, für die Kinder im Libanon sorgen zu können, und suchte darum die Unterstützung der hier lebenden Verwandten.

Nach geltendem Ausländerrecht hat sie keine Möglichkeit, eine Duldung oder gar eine Aufenthaltsbefugnis zu bekommen. Auch wir sind zunächst im Zweifel, wie zu argumentieren, welches Vorgehen sinnvoll sei. Die Asyl-AG im Kirchenkreis Steglitz nimmt dennoch mit verschiedenen Gemeinden Kontakt auf. Dabei zeigt sich ziemlich schnell, daß die Gemeinden, die früher durchaus zur Aufnahme bereit waren, jetzt entweder keinen Raum, keine Menschen oder keine Zeit zur Verfügung haben, um sich auf den Prozeß einer Aufnahme einzulassen. Die Asyl-AG entscheidet daraufhin, als übergemeindliche Arbeitsgruppe die Betreuung zu übernehmen und die Aufnahme gegenüber den Behörden zu betreiben. Daraufhin erklärt sich die Johannes-Gemeinde bereit, die Familie in ihre neu eingerichtete Fluchtwohnung aufzunehmen.

Und wieder bekommen wir überraschend Unterstützung: Ein Zahnarzt erklärt sich bereit, zwei der Kinder kostenlos zu behandeln. Die Mitarbeiter eines Restaurants sammeln zweieinhalb Monate Trinkgelder – insgesamt rund 8000 DM –, um die Dachräume der Fluchtwohnung bewohnbar zu machen und die Familie zu versorgen; eine Politikerin läßt sich gewinnen, die Angelegenheit zu ihrer eigenen zu machen und im Rahmen von Härtefallmöglichkeiten nach einer Lösung zu suchen. Erst nach zwei Monaten des Zusammenwohnens in einem Haus, der ständigen Begleitung durch die Mitglieder der Asyl-AG, vor allem auch durch einen Dolmetscher der Beratungsstelle, nach der langen Zeit des geduldigen Nachfragens und Zuhörens, beginnt die Frau sehr zögernd von den entsetzlichen Erfahrungen zu erzählen, die ihr eine Rückkehr in das „Land des Todes“ mit ihren Kindern unmöglich machen. Grausame Szenen von Verfolgung und Vernichtung der nächsten Familienangehörigen haben sich im Bewußtsein der Frau festgesetzt. Ein befreundeter Psychiater empfiehlt daraufhin dringend, ein Gutachten machen zu lassen, und bietet auch selber seine Hilfe an. Erst jetzt verstehen wir richtig, worum es eigentlich geht: um eine Not, die ausländerrechtlich nicht relevant ist, diese Frau aber ohne weiteres in den Selbstmord treiben kann. Im „Behandlungszentrum für Folteropfer“ des Klinikums wird ein Gutachten erstellt und mit therapeutischen Gesprächen begonnen. Die Kinder können – dank der Unterstützung einer Schulleiterin – in dieser Zeit am Unterricht einer nahegelegenen Schule teilnehmen. Der Klassenlehrer eines Kindes setzt sich mit den übrigen Kindern und einigen Eltern sehr dafür ein, daß das Kind an der mehrtägigen Klassenfahrt teilnehmen kann. Andere geben der ganzen Familie Deutschunterricht, während umgekehrt die Familie alle Besucher immer wieder mit herrlichem Essen empfängt.

Inzwischen hat sich die Härtefallkommission dafür ausgesprochen, daß die Frau mit ihren Kindern hier bleiben kann. Sie sind wieder in ihre eigene Wohnung umgezogen. Wenn der schriftliche Bescheid vorliegt, wird es ein Fest geben.

Arbeitsplätze

Juliane Wetzel

Integration im Großbetrieb – das Beispiel BMW

Im Mittelpunkt der Diskussion über ausländische Arbeitnehmer in der Bundesrepublik steht immer wieder die Frage nach deren Integration am Arbeitsplatz. Inwieweit ist ein Großunternehmen in der Lage oder willens, eine solche Integration zu fördern, und wie reagieren die deutschen und ausländischen Beschäftigten auf derartige Bestrebungen?

Die bis in die 80er Jahre übliche Bezeichnung „Gastarbeiter“ wurde inzwischen durch den Begriff „ausländische Arbeitnehmer“ ersetzt und bedeutet gleichzeitig auch, daß der durch „Gastarbeiter“ intendierte befristete Aufenthalt zu einem eher dauerhaften geworden ist. Heute leben bereits die Enkel der ersten „Gastarbeiter“-Generation in Deutschland. Während eine formelle Gleichstellung der ausländischen und deutschen Arbeitnehmer durchgesetzt werden konnte, vor allem im Hinblick auf die Lohnzahlungen, ist es allerdings noch immer nicht gelungen, eine tatsächliche Integration der ausländischen Arbeitnehmer in der Bundesrepublik zu erreichen. Es stellt sich die Frage nach dem Grund dieses Defizits: Liegt es an den Firmenleitungen, die sich zu wenig darum bemühen, sind es die deutschen Kollegen oder sind es gar die Ausländer selbst, die einer Integration skeptisch gegenüberstehen?

Die Bayerischen Motorenwerke sind in vielerlei Hinsicht ein gutes Beispiel, um die verschiedenen Facetten des Problems aufzuzeigen. Als Unternehmen der Automobilbranche, die die meisten ausländischen Arbeiter beschäftigt, kann die Firma auf eine mehr als dreißigjährige Erfahrung im Umgang mit dieser Frage zurückblicken. Darüber hinaus zählte BMW zu den Vorreitern im Hinblick auf Idee und Ausführung von Integrationsprogrammen.

BMW begann Anfang der 60er Jahre mit der Anwerbung von Gastarbeitern in Italien, Griechenland, Jugoslawien und später auch in der Türkei. In den Jahren 1965 bis 1982 stieg die Belegschaft im Werk München auf das Doppelte an (1980: 21 986 Mitarbeiter). Im gleichen Zeitraum erhöhte sich der Anteil der Ausländer um 68 % (1981: 8107 ausländische Mitarbeiter), wobei 1976, trotz hoher Arbeitslosigkeit, mit 29,4 % der Gesamtbelegschaft der absolute Spitzenwert der ausländischen Beschäftigten bei BMW verzeichnet werden konnte.[1] Die konjunkturell bedingte Rezession und die zunehmende Technisierung führten auch bei BMW in den folgenden Jahren dazu, daß der Anteil der ausländischen Mitarbeiter stetig abnahm. Bewegte er sich noch in den Jahren 1977 bis 1983 stets zwischen 20 und 25 %, sank er seit 1984 kontinuierlich und fiel 1988 erstmals unter 15 %.[2] Auf diesem Niveau pendelte er sich schließlich ein.

Im Juli 1992 waren bei BMW insgesamt 57 741 Mitarbeiter beschäftigt. Der Anteil der Deutschen betrug 85,2 %, der der Ausländer war mit 14,9 % gegenüber 1976 um mehr als die Hälfte zurückgegangen, war aber im Vergleich zu 1990 (14,3 %) wieder etwas angestiegen. Die stärkste Gruppe mit 6,6 % (3824) stellten die Türken, gefolgt von den Jugoslawen mit 2,7 % (1551), den Griechen mit 1,8 % (1012), den Österreichern mit 1,4 % (786) und den Italienern mit nur 0,6 % (354); schließlich blieben noch 1,8 % „sonstige Ausländer". Insgesamt gesehen, sind heute unter den Mitarbeitern der BMW AG noch immer etwa 50 verschiedene Nationalitäten vertreten.[3]

Im Rahmen „teilnehmender Beobachtung" und durch Befragungen, die die Voraussetzungen für die neue Art der Gruppenarbeit in der Automobilbranche bei ausländischen Mitarbeitern testen sollte, stellte die Soziologin Susanne Hofstetter im August 1991 fest, daß in bestimmten Produktionsbereichen der Firma BMW mit besonders hoher Ausländerkonzentration „extrem schlechte Arbeitsbedingungen" herrschen. Ihrer Meinung nach trifft dies vor allem auf die Lackiererei zu, wo katastrophale Lärm-, Licht- und Luftverhältnisse in Kauf genommen werden müssen.[4] In diesem Bereich sind 75 bis 80 % der Arbeitnehmer Ausländer.

Wie in anderen Betrieben sind die Ausländer auch bei BMW zu einem großen Teil in Arbeitsbereichen tätig, in denen ein vergleichsweise niedrigeres Qualifikations- und Lohnniveau herrscht, dort also, wo oft ungünstigere Arbeitsbedingungen anzutreffen sind. Andererseits muß man aber auch berücksichtigen, daß sich viele Ausländer bevorzugt an Arbeitsplätzen einsetzen lassen, die Belastungszulagen einbringen, also im Rahmen ihrer Qualifikation einen höheren Verdienst bieten.

Die firmeneigene Statistik vermittelt ein genaueres Bild: Von den rund 8500 ausländischen Mitarbeitern der BMW AG wurden im Sommer 1992 rund 3200 nach Tarifgruppe 1 bis 4 (Angelernte) bezahlt, wobei immerhin 2950 in Tarifgruppe 4 eingestuft waren. Unter die nächsthöhere Tarifgruppe 5 und 6 (Angelernte und Facharbeiter) fielen mit 49,6 % (3731) fast die Hälfte aller ausländischen Mitarbeiter, hingegen waren nur 559 (7,5 %) als Spezialisten und hochqualifizierte Mitarbeiter eingestellt (Tarifgruppen 7 und 8). Vergleicht man nun die verschiedenen Lohnstufen mit dem jeweiligen Anteil der deutschen Mitarbeiter, dann ergibt sich eine wesentliche Abweichung nur bei der Gruppe der Spezialisten, wo mit 15 % fast doppelt so viele Deutsche tätig waren; die Lohngruppen 1 bis 4 (31 %) sowie 5 und 6 (54 %) weisen jedoch – mit Ausnahme der Führungsspitze der Firma – keine wesentlichen Unterschiede auf.[5] Das zeigt zwar einerseits, daß der Anteil der ausländischen Mitarbeiter an Arbeiten mit niedrigerem Qualifikationsniveau höher ist, aber auch, daß sich die Arbeitsbereiche der deutschen Arbeitnehmer nicht wesentlich von jenen der Ausländer unterscheiden und auf derselben Position das gleiche Gehalt gezahlt wird. Gleiche Bezahlung für gleiche Arbeit lautete übrigens bei BMW von Anfang an die Devise.

Im Hinblick auf das Verhältnis von Arbeitern und ihren Vorgesetzten hat eine 1991 durchgeführte Befragung ergeben, daß 62,9 % der rund 500 Befragten das Verhältnis zum Vorgesetzten positiv einschätzten, wobei allerdings die türkischen Mitarbeiter im Unterschied zu den deutschen weit weniger enthusiastisch waren und ein Drittel das Verhältnis zum Vorgesetzten als eindeutig negativ bewertete. Die empirische Studie jedenfalls hat ergeben, daß das Verhalten von Vorgesetzten und Meistern gegenüber den deutschen und den ausländischen Mitarbeitern völlig gleich war.[6]

Nach der Zusammenarbeit mit den Kollegen wurde hier nicht eigens gefragt, allerdings könnte das Ergebnis der Antworten auf die Frage „Mit wem wäre Ihnen eine Zusammenarbeit am Arbeitsplatz am liebsten?" Aufschluß geben. Ein Drittel der Deutschen zieht die Zusammenarbeit mit Landsleuten vor, nur 0,5 % wollen mit Kollegen anderer Nationalität arbeiten, allerdings stimmen immerhin 23,7 % einer gemischten Gruppe zu. Unter den ausländischen Mitarbeitern entschieden sich über zwei Drittel für die Antwort „ist mir egal" (Deutsche: 32,8 %), weniger als 5 % wollten mit eigenen Landsleuten arbeiten. Damit wird eine tendenzielle Ablehnung der Ausländer durch die Deutschen deutlich. Die ausländischen Mitarbeiter hingegen zeigen sich wesentlich flexibler und keinesfalls darauf bedacht, nur mit eigenen Landsleuten zusammenzuarbeiten.[7]

Auch die Firma Volkswagen (Werk Hannover) ließ 1991 im Zusammenhang mit einem Pilotprojekt zur Gruppenarbeit eine Befragung in der Lackiererei durchführen. Sie ergab, daß knapp drei Viertel die Zusammenarbeit mit den Kollegen als gut bezeichnete, aber nur etwa ein Drittel die mit den Vorgesetzten für gut hielt.[8] Hier wurde nicht zwischen Deutschen und Ausländern unterschieden, es ist jedoch davon auszugehen, daß gerade in der Lackiererei, ähnlich wie bei BMW, ein vergleichsweise hoher Ausländeranteil zu verzeichnen ist.

Was bedeuten diese Antworten nun für die Frage nach der Integration der Ausländer? Gleichgültigkeit ist nicht unbedingt ein Indikator für eine funktionierende Integration, und die deutlich abweichenden Antworten der deutschen und der ausländischen Mitarbeiter bei BMW sind vielleicht eher ein Zeichen für mangelnde Kommunikation. Die empirische Studie hat gezeigt, daß Griechen, Türken und Jugoslawen in der Zigarettenpause beisammen saßen, während die deutschen Kollegen die Pause in anderen Räumen verbrachten.[9] Auffallend war aber auch, daß die ausländischen Mitarbeiter nur über mangelhafte Deutschkenntnisse verfügten, es also nicht verwundern darf, wenn die Deutschen in der Pause lieber mit ihren deutschsprachigen Kollegen zusammensein wollten und die Anstrengungen mieden, deren es bedürfte, auch die ausländischen Kollegen miteinzubeziehen.[10]

Obgleich die Kantine auf die Ansprüche der ausländischen Arbeitnehmer einzugehen versucht und sehr preiswert ist, war zu beobachten, daß kaum jemand das Angebot wahrnahm. Die meisten ausländischen Mitarbeiter zogen ihren Arbeitsplatz oder den Pausenraum für die Mittagspause vor, wo sie die von zu Hause mitgebrachten Speisen aßen. Auf die Frage, warum sie dies täten, gaben die Frauen zu verstehen, sie fühlten sich unter den vielen Männern nicht wohl, die Männer hingegen antworteten mit einer offensichtlichen Ausrede, nämlich, ihnen sei der Weg – etwa 200 m – zu weit.[11] Die Reaktion verwundert um so mehr, als fast die Hälfte aller Befragten bereits mehr als zehn Jahre der Firma angehören und damit auch einen repräsentativen Querschnitt der Gesamtstruktur der Firma wiedergeben (da 61,4 % der Ausländer zehn und mehr Jahre im Unternehmen beschäftigt sind). Möglicherweise hängt die mangelnde Kommunikationsbereitschaft aber auch mit dem Alter der Befragten zusammen, das im Durchschnitt (40 Jahre und älter) über dem der Deutschen liegt.[12] Demgegenüber haben viele der jüngeren Mitarbeiter bereits die Schule in Deutschland besucht, beherrschen also größtenteils die Sprache und sind eher zu Weiterbildung, vor allem auch im EDV-Bereich, bereit. Nicht zuletzt deshalb fällt ihre Integration leichter und ist im Idealfall sogar schon vollzogen. Das heißt freilich nicht, daß die Integration insgesamt nur noch eine Frage der Zeit ist. Die Altersstruktur der ausländischen Mitarbeiter bei der BMW AG sieht nach der firmeneigenen Statistik heute immer noch so aus, daß über 50 % der ausländischen Mitarbeiter zwischen 40 und 65 Jahre alt sind, wobei die Kerngruppe bei 40 bis 55 liegt, die Altersgruppe von 20 bis 30 Jahre hingegen nur 22,3 % beträgt. Die vielseitigen Bemühungen der Firmenleitung, des Betriebsrats und der Personalabteilungen in den letzten 20 Jahren, Integrationsprogramme zu entwickeln und anzubieten, sind also keinesfalls überholt.

Grundvoraussetzung für bessere Qualifikation und damit verbundener höherer Bezahlung – und letztlich für sozialen Aufstieg – ist die Beherrschung der Sprache. Auch viele der ausländischen Mitarbeiter, die bei BMW schon seit Jahrzehnten beschäftigt sind, beherrschen noch heute die deutsche Sprache nur mangelhaft in mündlicher und kaum in schriftlicher Form. Für viele bedeutet dies, nur wenig Aussichten auf Aufstiegsmöglichkeiten zu haben, und birgt im Zuge der immer weiter fortschreitenden Technisierung und Spezialisierung längerfristig die Gefahr, den Arbeitsplatz zu verlieren. In Zukunft wird jeder Fertigungsarbeiter zumindest einige Grundbefehle im EDV-Bereich wissen müssen, um den Minimalanforderungen zu genügen. Die Kenntnis der deutschen Sprache ist aber auch Grundvoraussetzung für eine Integration am Arbeitsplatz, für den Kontakt mit den Kollegen und den Vorgesetzten.

Als die Firma BMW Anfang der 70er Jahre aufgrund der damals noch ungewöhnlich hohen Fluktuation der ausländischen Arbeitnehmer eine Blockbildung der einzelnen Nationalitätengruppen befürchtete und gewaltige innerbetriebliche Schwierigkeiten auf sich zukommen sah, wurde 1973 das Pilotprojekt „Lernstatt Sprache" ins Leben gerufen, um durch den Abbau der Sprachschwierigkeiten auch die Kommunikation der Kollegen untereinander zu verbessern. Schon vorher hatte man versucht, Sprachkurse anzubieten, aber durch die schulähnlichen Lehrmethoden blieben die meisten Teilnehmer schon bald resigniert dem Unterricht fern.[13] BMW war das erste Unternehmen, das mit halbprogrammiertem Unterricht, also mit audiovisuellen Methoden, arbeitete. Trotz anfänglicher Begeisterung kamen bald nur noch wenige, obgleich die Unterrichtsstunden sogar bezahlt wurden.[14] Erst die „Lernstatt" brachte schließlich den gewünschten Erfolg.

Neu war an der „Lernstatt" nicht nur die Person des Lehrers, sondern auch die Methode. Der „Sprachmeister", ein deutscher Kollege, Vorarbeiter oder Meister, der eigens dazu ausgebildet worden war, fragte seine ausländischen Kollegen weder grammatikalische Regeln ab, noch ließ er sie Alltagssituationen wie Einkaufen-Gehen oder Essen im Restaurant simulieren, sondern unterrichtete mit firmenintern entwickeltem Lehrmaterial, das speziell auf die Bedürfnisse der ausländischen Arbeiter zugeschnitten war. „Es passiert kurz nach Mittag, zwischen 13.30 und 15.30 Uhr, in 13 Ecken des Münchner BMW-Werks: Da hängen

Packpapierbögen mit ziemlich merkwürdigen Zeichnungen an einfachen Stellwänden. Zum Beispiel 10 Köpfe, und dabei steht mit ungelenker Schrift: ich heiße Giovanni, Ali, Iwan, Dimitrios (...)".[15] Die etwa sechs bis acht Mitarbeiter, aus denen eine solche Lernstattgruppe bestand, gehörten nach Möglichkeit immer demselben Betriebsbereich an, damit das in der Gruppe Erlernte auch am Arbeitsplatz weiter genutzt werden konnte und die Kommunikation untereinander gefördert wurde. Drei Monate lang, jeden Tag eine Stunde, wurden vorwiegend durch Zeichnungen und nur durch wenig Text Umgangssprache und die wichtigsten Fachbegriffe vermittelt. Bereits die erste Runde der „Lernstatt", an der 120 ausländische Arbeitnehmer aus den verschiedensten Fertigungsbereichen teilgenommen hatten, war erfolgreich.

Mit dieser Fortbildungsmaßnahme konnte zwar immer nur ein sehr begrenzter Kreis erreicht werden; die „Lernstatt Sprache" war aber der erste Schritt im Rahmen der verschiedenen von BMW initiierten Integrationsprogramme. Die Einrichtung gibt es noch heute, aber sie dient nicht mehr zur Vermittlung von Sprache, wohl aber von Fachtermini, darüber hinaus ist sie zu einer Institution für die Lösung von Problemen wie Arbeitsplatzgestaltung u. ä. geworden. Die „Lernstatt" war und ist noch heute ein Instrument der Mitarbeiter, das nicht von den Vorgesetzten verordnet wird, sondern nach Bedarf selbst eingesetzt werden kann. Einzige Voraussetzung ist die Freistellung von der Arbeit und die Organisation der Ausfallzeiten.

Die Einrichtung hat nicht an Wichtigkeit verloren, steht aber im Moment wieder vor einem Wendepunkt. Im Zuge der Neustrukturierung der Arbeit im Automobilbereich durch Gruppenarbeit wird die „Lernstatt" wieder mehr an Bedeutung gewinnen und sich direkter am Arbeitsprozeß orientieren. Diese Gruppenarbeit wird schließlich eine neue Art der Integration bieten (noch steckt sie in der Pilotphase) und bedeutet für die ausländischen Arbeiter eine Chance – denn nur durch Teamarbeit, also Kommunikation, kann diese neue Arbeitsmethode funktionieren –, sie bedeutet aber gleichzeitig auch weniger Spezialisierung und dafür breitere Kenntnisse im Arbeitsprozeß.

Schon Ende 1976 berichtete die BMW-Werkszeitung ‚bayernmotor' von der gut funktionierenden Teamarbeit der Rahmen-Schweißerei im Berliner BMW-Motorradwerk (es hat neben dem Werk München den größten Ausländeranteil). Über die einzige Frau in der Schweißerei, eine Jugoslawin, sagte der Schweißermeister: „Diese Frau arbeitet besser als die Männer". Die Motorradrahmen bedürfen solider Handarbeit, und deshalb ist der Meister auf Leute angewiesen, die millimetergenau arbeiten: „Jeder meiner Leute spricht zwar eine andere Sprache. Aber über die Arbeit denken sie gleich." Türken und Jugoslawen, aber auch ein Kollege aus Süd-Korea arbeiten hier zusammen und sind stolz auf die gute Qualität, die sie liefern.[16]

Solche und noch viele andere wichtige Informationen kann der Mitarbeiter der monatlich erscheinenden Werkszeitung entnehmen. Der ‚bayernmotor' wurde im Dezember 1973 in einer Auflage von fast 25 000 Stück zunächst vor allem für die deutschen Mitarbeiter gegründet, ausländische Kollegen konnten sie nur lesen, wenn sie über genügend Deutschkenntnisse verfügten. Vielen blieb aber diese Möglichkeit, ihr mindestens ebenso großes Informationsbedürfnis zu stillen, verschlossen. Diesem Problem wurde bald durch eine vierseitige Beilage in türkischer, jugoslawischer, griechischer und italienischer Sprache abgeholfen. Das zunehmende Selbstbewußtsein der ausländischen Arbeiter, aber auch das Bedürfnis von deutscher Seite, den Ausländern zu zeigen, daß man auf ihre speziellen Probleme bereit war einzugehen, führte schließlich dazu, daß das „Anhängsel" an die deutsche Ausgabe eingestellt wurde und 1980 eine eigene Werkszeitung ‚bayernmotor international' (bmi) in Türkisch, Griechisch und Serbokroatisch entstand, die monatlich in Magazinform erschien. Die letzte Seite faßte die wesentlichen Artikel dieser mehrsprachigen Werkszeitung in Deutsch zusammen, damit sich auch die deutschen Kollegen über den Inhalt informieren konnten. Entsprechend der Zahl der ausländischen Mitarbeiter betrug die Auflage anfänglich 6000, pendelte sich aber bald auf etwa 4000 Stück ein. ‚bayernmotor' und ‚bmi' wurden zur gleichen Zeit und an jeweils derselben Stelle in den Werken

München, Berlin und Landshut der BMW AG kostenlos ausgelegt.[17]

Die internationale Ausgabe des ‚bayernmotor' wollte nicht nur über die innerbetrieblichen Ereignisse berichten, sondern auch einen wichtigen Teil zur Integration der ausländischen Mitarbeiter im Werk, ja darüber hinaus beitragen. Neben der Information über neue Technologien, die allgemeine und firmenspezifische Konjunktursituation, die Ausländerpolitik der Bundesrepublik, der Vorstellung einzelner ausländischer Mitarbeiter an ihrem Arbeitsplatz und Berichten über die Lebensgewohnheiten der Deutschen, gab es auch Hinweise für das tägliche Leben und zum Umgang mit Behörden oder auf Weiterbildungs- und Ausbildungsmöglichkeiten. Durch diesen allgemeiner gehaltenen Teil wurde noch ein weiterer wichtiger Punkt erreicht, nämlich die Einbeziehung der Familien. Um die Berichterstattung nicht nur auf das Werk und den engeren Lebensbereich zu beschränken und um sie besonders an die Bedürfnisse der Ausländer anzupassen, arbeitete die Redaktion eng mit jugoslawischen, griechischen und türkischen Redakteuren zusammen, setzte seit 1985 eigene Dolmetscher für die Übersetzung der deutschen Texte ein und gestaltete das Layout des Magazins ähnlich dem Erscheinungsbild der Heimatzeitungen der ausländischen Mitarbeiter.

Ende 1986 wurde die internationale Ausgabe des ‚bayernmotor' eingestellt. Die Ursache lag vor allem in dem ungeheuer hohen Kostenaufwand – mit der Herstellung war eine eigene Fremdsprachensetzerei beauftragt gewesen. Ein Mitarbeiter der ‚bayernmotor'-Redaktion bedauerte in einem Gespräch die Einstellung des Magazins, gab aber gleichzeitig auch zu bedenken, daß die meisten ausländischen Kollegen bereits so lange bei BMW tätig seien, die deutsche Sprache also zumindest so weit beherrschten, daß sie eine internationale Ausgabe nicht mehr benötigten. Warum allerdings der ‚bmi' ohne größere Diskussionen von heute auf morgen einfach nicht mehr erschienen ist, konnte mir niemand aus der im Juli 1992 stattgefundenen Gesprächsrunde zum Thema Ausländerintegration in der Firma BMW genauer beantworten. Ausschlaggebend war letztlich wohl die Erfahrung, die aus den Redaktionskreisen bis zur Firmenspitze vorgedrungen war. Der Personalreferent für den Fertigungsbereich Motorenbau im Werk München, ein Grieche, der zu den langjährigen Mitarbeitern im Werk gehört und die gesamte Zeit seit der Einstellung der ersten ausländischen Mitarbeiter in der Firma beobachtet hat und daran anfänglich auch als Dolmetscher direkt beteiligt war (vgl. Anm. 14), stellte in unserem Gespräch fest: „Wir haben die Erfahrungen gemacht, daß unsere ausländischen Mitarbeiter erstens nicht viel lesen, da muß man beachten, aus welcher Schicht die Leute kommen. Es gab schon einige, die das gelesen haben, aber die meisten eher nicht. Das war auch das Problem mit dem Rundschreiben, das wir verschickt haben, dies wurde auch wenig gelesen, da es schwierig ist, die Terminologie in Griechisch, Türkisch, Serbokroatisch zu übersetzen. Wir haben die Erfahrung gemacht, daß, wenn wir technische Übersetzungen gemacht haben, z. B. in der Montage, oder in der Check-Kontrolle, wo der Mitarbeiter als Prüfer eingesetzt ist (er mußte in einer Check-Liste abhacken, ob alles in Ordnung ist), da wollten die Vorgesetzten die Listen übersetzt haben. Wenn man etwa den Begriff „Vergaser" in das Schriftgriechische übersetzt, dann versteht das keiner, es muß umgangssprachlich ausgedrückt werden. Bei unseren Mitarbeitern ist die mündliche Übertragung die bessere."

Wichtige Informationen werden aber nach wie vor in Übersetzung an die ausländischen Mitarbeiter – ebenso wie an die Deutschen – in Form von Flugblättern verteilt. Das Flugblatt nennt sich ‚bayernmotor aktuell' und hat vor allem während des Streiks der Zulieferbetriebe für die 35-Stunden-Woche im Mai 1984, der bei BMW zu Kurzarbeit führte, nicht nur den Ausländern wichtige Dienste geleistet.

Anläßlich dieser Kurzarbeit kam noch ein weiteres Medium – das Tonband – zum Einsatz. Die aktuellsten Streiknachrichten, die in den verschiedenen Sprachen auf Band gesprochen worden waren, konnten jederzeit über Telefon abgehört werden. Eigens dafür eingerichtete Telefonnummern waren auch aus dem Ausland – der Streik zog sich bis in die Urlaubszeit hinein – Tag und Nacht jederzeit anwählbar.[18]

Die größte Gruppe der ausländischen Arbeitnehmer bilden die Türken. Da Hörfunk und Fernsehen gerade bei dieser Gruppe mehr als bei anderen Ausländern eine wichtige Rolle spielt, begann BMW 1985 als damals erstes und einziges deutsches Großunternehmen damit, das Medium Video zunächst bei den türkischen Mitarbeitern einzusetzen.[19] Auch hier ging es wieder nicht nur um reine Mitarbeiterinformation, sondern es sollte darüber hinaus die Möglichkeit geschaffen werden, auch die Familien miteinzubeziehen. Durch eine Befragung unter den Mitarbeitern wurde festgestellt, daß viele ausländische – vor allem türkische – Arbeitnehmer zu Hause über entsprechende Geräte verfügten, so daß das kostenlose Ausleihen der Videos dazu beitragen konnte, die Kommunikationsform der mediterranen Länder in die Wohnungen der ausländischen Arbeitnehmer zu bringen.

Die Informationsvermittlung mit Hilfe von Videos hat eine ganze Reihe von Vorteilen. Der sprachliche Text wird visualisiert, Produktionsabläufe und Arbeitszusammenhänge können also anschaulicher vermittelt werden. Die zusätzlich mögliche unterhaltende Form der Wiedergabe macht das Lernen spannender, der Konsument bleibt eher bei der Sache und kann die Familie, Freunde und Bekannte mit einbeziehen. Andererseits birgt diese Art der Informationsvermittlung, so individuell sie auch immer auf die Bedürfnisse der Ausländer eingehen mag, auch die Gefahr der Isolierung und Ghetto-Bildung. Möglicherweise fördert sie die Kommunikation mit der Familie und den Freunden, ein Gedankenaustausch mit Kollegen wird jedenfalls damit nicht erreicht.

Das ‚BMW-Video'-Programm hat sich letztlich für die Übermittlung von Informationen, vor allem bei den türkischen Arbeitnehmern, als bestes Medium erwiesen. Anfangs führte ein türkisches Moderatoren-Ehepaar durch die Sendung, deren Sprache und Ausdrucksweise stark an ein Lehrer-Schüler-Verhältnis erinnerte und bei den Konsumenten die Assoziation des erhobenen Zeigefingers erweckte. Durch laufende Befragungen der Video-Ausleiher konnte schließlich ein Konzept entwickelt werden, das sich eben nicht der kühlen, nüchternen Art der mitteleuropäischen Informationsübermittlung bediente, sondern der mediterranen Form mehr entsprach. Drei Jahre lang wurde das Programm auch in mehreren anderen Sprachen angeboten, schließlich nur noch auf Deutsch und Englisch beschränkt, bis es 1991 den allgemeinen Sparmaßnahmen zum Opfer fiel. Nur professionell angefertigte Videofilme können die gewünschte Wirkung erzielen, und ein solches Produkt kostet etwa 300 000 DM. Angesichts solcher Kosten mußte die Firma sich fragen, ob hier überhaupt noch von einem ausgewogenen Kosten-Nutzenverhältnis ausgegangen werden konnte.[20]

Es stellt sich nun die Frage, inwiefern die vielfältigen Bemühungen der Firmenleitung, des Betriebsrates und der Personalabteilung, auf die ausländischen Mitarbeiter besonders einzugehen, eigene Projekte für ihre besonderen Anliegen ins Leben zu rufen und Integrationsprogramme zu entwickeln, wirklich erfolgreich waren.

Der griechischstämmige Personalreferent für den Bereich Motorenbau äußerte sich eher skeptisch. Seiner Meinung nach wurde zuviel getan, und die „Leute sagten, wir brauchen das nicht". Viele Dolmetscher seien eingestellt worden, erzählte er. „Türkische Dolmetscher waren in der Personalabteilung, es gab auch griechische und jugoslawische, und diese Leute haben den Mitarbeitern die ganze Arbeit abgenommen. Also man hat die Mitarbeiter entmündigt, wir waren auch soweit, daß wir die bürokratischen Angelegenheiten, z.B. Anträge, erledigt haben. Jemand von uns ist zum Kreisverwaltungsreferat gefahren und hat Aufenthaltserlaubnisse abgeholt. Mit der Zeit ist man zu der Erkenntnis gekommen, daß es nicht gut ist, denn die Leute müssen lernen, das selbst durchzuführen."

Hier liegt wohl das Problem der gesamten Integrationsarbeit. Trotz intensiver Bemühungen und immer wieder neuer Ideen werden die Angebote vielfach weder von den ausländischen noch von den deutschen Mitarbeitern angenommen. Viele ausländische Arbeitnehmer betrachten integrierende Maßnahmen als etwas, das von oben oktroyiert wird. Sie würden bei jedem neuen Vorschlag zunächst einmal einen Trick wittern, resümierte ein Mitglied des Betriebsrates während unseres Gespräches: „Es gab vor zehn Jahren eine Jugendgruppe bei der IG-Metall.

In dem Moment, wo wir bewußt von Integration gesprochen haben, war das zum Scheitern verurteilt. Als wir dann einen Film gemacht haben über ein ganz anderes Thema, ist es uns gelungen, daß vier türkische Jugendliche mitgearbeitet haben." Ein Kollege aus dem Personalbereich sieht die Verantwortung gerade von BMW als multikulturellem Unternehmen, das nicht nur Ausländer beschäftigt, sondern auch Zweigbetriebe im Ausland mit Arbeitnehmern der verschiedensten Nationalitäten und Hautfarbe unterhält, darin, die Rahmenbedingungen für eine solche Integration zu schaffen: „Integration heißt auf den anderen zugehen, wenn jemand anders ist, seine Gebete verrichtet, dann nicht zu lästern, zu lachen, auch nicht über andere persönliche oder charakterliche Eigenschaften. Die Rahmenbedingungen muß der Betrieb leisten, aber das Verständnis muß von den Mitarbeitern kommen. Das Unternehmen gibt nur Impulse. Man muß eben ein gemeinsames Ziel haben, das muß nicht Integration sein. Es darf nur nicht künstlich sein, man muß die andere Kultur ernst nehmen und die Ausländer nicht zu bloßen Konsumenten machen. Man muß es eben erst begreiflich machen, daß von fremden Menschen neue Impulse ausgehen, daß es interessant sein kann, mit Griechen, Türken (...) zusammenzuarbeiten."

Die Teilnehmer der Gesprächsrunde waren aber auch der Meinung, daß die seit Beginn der 90er Jahre in der Bundesrepublik spürbar gewordene Ausländerfeindlichkeit und die gesamte Asylproblematik auf das Betriebsklima in der Firma abgefärbt habe. Der griechische Kollege stellte fest, es würde langsam eine „kalte Neutralität" im Werk Fuß fassen und mehr Aggression spürbar sein. Ein deutscher Kollege fügte hinzu, es wären bei all den Bemühungen um eine Integration der Ausländer auch desintegrative Momente provoziert worden. So etwa ermöglicht es eine Betriebsregelung den ausländischen Kollegen, im Sommer vier Wochen an einem Stück Urlaub zu nehmen. Da auch mancher deutscher Kollege gern einmal so lange freinehmen würde, kommt es zu Unmutsäußerungen, man sieht darin eine Bevorzugung der Ausländer und eine Ungleichbehandlung.

Probleme gibt es auch in Fertigungsabteilungen, in denen der Anteil der ausländischen Arbeitnehmer über dem der deutschen liegt, die Situation sich also eher umgekehrt verhält und die Deutschen integriert werden müssen. Ebenso treten Schwierigkeiten bei den Sprecherwahlen, vor allem in Abteilungen mit hohem Ausländeranteil, auf. Deutsche Meister sind nicht bereit, z.B. einen Türken als Sprecher ihrer Arbeitsgruppe zu akzeptieren. Interessanterweise wollen etwa auch die türkischen Kollegen lieber einen deutschen Sprecher. „Wenn wir einen Türken wählen, haben wir Angst, daß er Druck macht", sagen sie. Ein Deutscher sei besser in der Firma integriert, könne Forderungen also auch erfolgreicher durchsetzen. Der griechische Personalreferent, selbst das beste Beispiel für Integration und Aufstieg in der Firma, benennt die Problematik ganz deutlich: „Viele Ausländer haben Angst, Sprecherfunktionen zu übernehmen, sie haben Angst vor den eigenen Landsleuten."

Es geht also nicht nur um die Integrationsbereitschaft der Deutschen, sondern auch um den Integrationswillen der Ausländer. Besonders bei den türkischen Mitarbeitern ist die Religion einer Integration oft abträglich. Der Islam greift mehr als die christlichen Religionen in alle Bereiche des täglichen Lebens ein, die Kinder werden auf türkische Schulen geschickt, junge Mädchen vom Umgang mit der deutschen Umgebung ausgeschlossen – kurz, auch die nachfolgenden Generationen haben wenig Chancen, besser integriert zu werden. Es bleibt nur der Ausbruch aus dem Familienverband, um die Situation zu verändern. Wie inzwischen einige Beispiele belegen, gibt es doch eine ganze Anzahl von Türken der zweiten oder dritten Generation, die den Sprung geschafft haben und inzwischen aus dem Kreis der Arbeiterschicht in die der klein- und mittelständischen Unternehmer aufgestiegen sind. Andererseits gibt es wohl ebenso viele in Deutschland geborene Türken der zweiten oder dritten Generation, die in Anbetracht der aktuellen Ausländerfeindlichkeit an Rückkehr denken, aber dadurch gleichzeitig auch in eine Identitätskrise geraten, weil sie weder die Sprache ihrer eigentlichen Heimat beherrschen, noch deren Kultur kennen. Sie wissen nicht mehr, welcher Gesellschaft sie angehören.

Im Vergleich zu den türkischen Mitarbeitern fällt die Integration der jugoslawischen und griechischen Kollegen wesentlich leichter. Sie schicken ihre Kinder auf deutsche Schulen, kommen dadurch auch mit anderen Eltern in Verbindung und zeigen eine viel größere Bereitschaft, von sich aus Kontakte zu pflegen. Aus aktuellem Anlaß bereiten die jugoslawischen Arbeitnehmer der Firma BMW im Moment allerdings einige Probleme. Seit den 70er Jahren, als es im Zusammenhang mit Streiks auch zu Schlägereien einzelner Nationalitätengruppen gekommen war, wurden in den letzten 20 Jahren solche Ausbrüche nicht mehr festgestellt. Erst im Zusammenhang mit dem Bürgerkrieg in Jugoslawien kam es wieder zu handgreiflichen Auseinandersetzungen im Werk, die sich allerdings auf einen Einzelfall beschränkten: Serbische und kroatische Arbeiter hatten ihre Nationalitätenkonflikte in einer Schlägerei auf dem Werksgelände ausgefochten. Weitere Zusammenstöße konnten dadurch vermieden werden, daß – auf eigenen Wunsch der verschiedenen jugoslawischen Nationalitätengruppen – eine Trennung im Arbeitsbereich vorgenommen wurde. Auch die angemieteten bzw. werkseigenen Wohnheime, in denen viele ausländische Arbeitnehmer leben, mußten sich diesem Problem stellen; auch hier konnten durch räumliche Trennung weitere Konflikte vermieden werden. Die Anteilnahme der übrigen Belegschaft am Schicksal vieler Angehöriger ihrer jugoslawischen Kollegen ist groß. Spontan wurde zu einer Jugoslawienhilfe aufgerufen. Für Kollegen, die in den Ferien nach Hause fuhren, wurden Medikamente, Reservekanister, selbst ein Notstromaggregat beschafft. Man nimmt Anteil an den Problemen, wenn persönlicher Kontakt vorhanden ist.

Dieser persönliche Kontakt muß offensichtlich aus den Gruppen selbst heraus entstehen. Die Hoffnung, daß ein solches „Wir-Gefühl" in Zukunft zunimmt, ist angesichts der negativen Einstellung gegenüber Ausländern in der Bundesrepublik jedoch eher fraglich. Die geplante Gruppenarbeit in der Automobilbranche, die ohne Kommunikation und Integration nicht auskommt, wird längerfristig in diesem speziellen Bereich vielleicht etwas an der Situation ändern.

1 Susanne Hofstetter: Ausländische Mitarbeiter als „Problemgruppe“ bei der Integration in neue Arbeitsstrukturen. Ergebnisse einer empirischen Studie bei BMW. Dipl.-Arbeit München 1992, S. 11. Im Text schreibt die Verfasserin, 1976 wäre anteilsmäßig der Höchststand mit 39,4 % erreicht gewesen, die Tabelle auf S. 12 hingegen läßt den Schluß naheliegend erscheinen, daß es sich eher um 29,4 % handelt.
2 Ebenda, S. 12.
3 BMW Berichtssystem Merkmalsanalyse. Monat Juli 1992.
4 Hofstetter: a. a. O., S. 15 f.
5 BMW Berichtssystem Merkmalsanalyse. Monat Juli 1992.
6 Hofstetter: a. a. O., S. 72.
7 Ebenda, S. 100 ff.
8 Otfried Mickler: Bericht der sozialwissenschaftlichen Begleituntersuchung vor Beginn des Pilotprojektes Gruppenarbeit im Cost-Center Lackiererei. Universität Hannover, Institut für Soziologie. Hannover 1991. Zit. in: Hofstetter: a. a. O., S. 34.
9 Ebenda, S. 71.
10 Ebenda, S. 73.
11 Ebenda., S. 72 f.
12 Ebenda., S. 92 und 95.
13 Christian Beffa: Sprachliche und gesellschaftlich bedingte Integrationsprobleme ausländischer Arbeitnehmer und Versuche zu deren Lösung in Münchener Großbetrieben. Dipl.-Arbeit München 1985, S. 27.
14 Gesprächsrunde im Werk München der Firma BMW am 27. Juli 1992 mit Angehörigen des Betriebsrates, der Personalabteilung, der Organisationsentwicklung, der Pressestelle und dem langjährigen Mitarbeiter im Werk München, dem Griechen Tryphon Zourelidis, der zunächst als Dolmetscher in der Firma tätig war und nun Personalreferent im Motorenbau des Werks München ist.
15 bayernmotor. Februar 1974.
16 bayernmotor. November 1976.
17 Elke Menzel: Mitarbeiterinformation für ausländische Mitarbeiter – Projektierung eines „neuen Mediums“. Mag.-Arbeit München 1985, S. 11 ff.
18 Beffa: a. a. O., S. 24.
19 Ebenda., S. 24 f.
20 Ebenda., S. 37–45.

Monika Körte

Fatma komm' und reparier' meine Màcchina. Bericht über den Versuch einer Integration

„Säcke – Gewebe – Verpackungen KG" – so steht es auf dem Firmenschild; absurd genug, daß ausgerechnet eine Firma, deren Tätigkeit in der Herstellung von Säcken und Verpackungen liegt, so einfach „die Katze aus dem Sack läßt": Offenbar muß die Firma nichts verbergen, denn nach vielen vergeblichen Anläufen bei anderen Firmen gewährt sie als einzige den Blick in das Innere ihrer Betriebsstruktur. Das Unternehmen stellt sich den Fragen ohne fadenscheinige Argumente, entschuldigt sich für nichts und gewährt jeglichen Bewegungs- und Annäherungsspielraum.

Das Firmenschild steht für einen mittelständischen Betrieb in Frankfurt-Walldorf, der sich ausschließlich mit der Produktion von Säcken (zu 40 % für Chemiewerke, zu 40 % für Schraubenfabriken und zu 20 % für einen Lebensmittelhersteller) beschäftigt. Das Gewebe für die Säcke wird bezogen aus Ländern wie Portugal, Griechenland, Indien, der Türkei und Jugoslawien; beliefert werden Fabriken im Umkreis von 300 km, die Ware geht nach Neuss, Goslar, Köln, zum Bodensee und teilweise auch ins Ausland.

In dem Betrieb, der seit 1905 in Familienhand ist und nun von der dritten Generation geleitet wird, hat die überwiegende Beschäftigung von Ausländern bereits eine lange und auch traurige Tradition. Ein dunkles – wenn nicht das dunkelste – Kapitel in der Geschichte der Firma ist die Zwangsverpflichtung zwanzig verschleppter Russinnen zur Näharbeit während des Zweiten Weltkrieges. Die Russinnen hausten während der NS-Zeit in eigens für sie aufgestellten Baracken unweit des Betriebes, sie mußten billig aufgekaufte Säcke aus Schokoladenfabriken wieder instandsetzen, um den Weiterverkauf zu ermöglichen.

Nach eher schleppender Produktion aufgrund des Arbeitskräftemangels der 50er Jahre kamen Anfang der 60er Jahre mit der ersten Einwanderungswelle die italienischen „Gastarbeiter" und „Gastarbeiterinnen", gefolgt von Türken, Jugoslawen und Griechen, die heute mit der üblichen Fluktuation zum festen Bestand des Betriebes gehören und nicht mehr wegzudenken sind. Mit einem relativ homogenen Stamm von fünfzehn Mitarbeitern und Mitarbeiterinnen erreicht der Betrieb einen jährlichen Umsatz von vier Millionen DM. Neun Frauen – vier Italienerinnen, zwei Griechinnen, eine Türkin und zwei Deutsche – sowie ein Russe und zwei deutsche Männer – sind als Näherinnen, Zuschneider und Packer an der Produktion beteiligt. Für die meisten Frauen ist es der zweite Arbeitsplatz, die Durchschnittszeit der Beschäftigung beträgt fünfzehn Jahre – was für den Betrieb spricht. Jede deutsche Bewerberin um einen Arbeitsplatz wird auf ihren „Minderheitenstatus" hinsichtlich der Zusammensetzung des Personals verwiesen. Die Näharbeit ist für ungelernte ausländische Arbeiterinnen sehr attraktiv, da sie mit geringem sprachlichen Aufwand an den entsprechenden Nähmaschinen angelernt werden können. Mit einer „Sackklebemaschine", die der Chef zusammen mit einem Maschinenbauer erfunden hat und die das früher so mühsame Einnähen von Folien in die Säcke erleichtert, konnte der Arbeitsablauf in den letzten Jahren etwas rationalisiert werden.

Da der Betrieb Säcke jedweder Art herstellt, sind die unterschiedlichen Ausführungen je nach Auftrag die einzige willkommene Abwechslung im Arbeitsalltag. Der Kunde bekomme den Sack, den er haben will, versichert der Betriebsleiter, mit oder ohne Aufdruck, mit oder ohne Folieneinzug, groß oder klein. Da der jeweilige Auftrag letztlich darüber bestimmt, ob der Tag redend oder schweigend zugebracht wird, bestimmt er auch über die täglichen „Zustände", das Befinden der Menschen. Denn bei großen Säcken sind mindestens zwei, höchstens vier Leute an der Herstellung beteiligt, was die Chance der Annäherung, des Gesprächs ermöglicht. Der arbeitsteilige Prozeß wird selbst oft genug Inhalt des Gesprächs, in ihm werden Spannungen und Unterschiede offenbar. Diese Spannungen in bezug auf Arbeitstempo oder auf Genauigkeit sind dabei nur Symptome, Möglichkeiten, auf „sachliche" Art Unterschiede unter den Arbeiterinnen anzusprechen. Daneben wird jedoch auch gelacht und erzählt, um so mehr, als der Betriebsleiter sich in der Organisation der Arbeitsgruppen von Sympathien und Antipathien leiten läßt. Bei der Produktion von kleinen Säcken hingegen sitzen die Näherinnen nicht räumlich, aber durch den Lärm der Nähmaschinen voneinander isoliert und nähen das zugeschnittene Gewebe zu einem Sack zusammen. An solchen Tagen – und bei großen Aufträgen können es viele solcher Tage sein – erstirbt jegliche Kommunikation.

„Fatma – komm' und reparier' meine Màcchina" tönt es jedoch trotz des hohen Geräuschpegels mehr als einmal am Tag durch die lärmerfüllte Produktionshalle; ein Satz, hinter dem sich mehr verbirgt als die bloße Aufforderung zur Hilfe und der, wie sich herausstellt, paradigmatisch ist für die Rollenverteilung innerhalb des Betriebes. Die Gerufene – die Türkin Fatma –, seit über zwanzig Jahren als Näherin beschäftigt, ist eine charismatische Figur in diesem Betrieb. Sie dient als Vorbild, denn sie hat sich von einer widerborstigen, sich abschottenden Fremden zu einer geschickten, anpassungsfähigen Kollegin entwickelt. An ihre anfänglich zäh durchgehaltene Andersartigkeit erinnern nur noch Anekdoten, Geschichten, die jeder neuen Arbeiterin überliefert werden und die sie selbst gerne zum besten gibt:

Fünf Jahre hatte sie bereits in dem Betrieb gearbeitet, als eine deutsche Kollegin sich endlich das zu sagen traute, was alle bisher immer nur gedacht hatten. Sie sagte: „Du mußt dich entscheiden, Fatma, für Kleid oder Hose, beides auf einmal trägt man hier in Deutschland nicht." Nonverbale Andeutungen zu ihrem fremden Aussehen hatte Fatma nie verstanden oder nicht verstehen wollen, wenn etwa eine Frau sich – scheinbar zum Spaß – hinter sie stellte und tat, als wolle sie ihr den großen Haarknoten abschneiden. Diese direkte Anrede verstand sie jedoch prompt, schon am nächsten Tag hatte sie sich für eines der beiden Kleidungsstücke entschieden, und die Tochter, angehende Friseuse, machte dem Haarknoten als Relikt ein Ende und ersetzte ihn durch einen modischen Kurzhaarschnitt. Die deutsche Kollegin wollte ihr erstes offenes Wort nach fünf Jahren nicht als Beleidigung verstanden wissen, sondern als einen Vertrauensbeweis, denn sie habe Fatma schützen wollen, z. B. vor möglichen groben Ausfällen auf der Straße. Fatma steht gerade durch ihren anfänglichen Widerstand für Wandelbarkeit, für eine Person, die es verstanden hat, den angebotenen „Dialog“ mit der fremden Kultur anzunehmen. Mehr noch, repräsentiert sie doch in ihrer Person den menschenmöglichen Grad einer gelungenen Anpassung an eben jene fremde Kultur.

Ihre Flexibilität und Gewandtheit wird auch bei der Arbeit offenbar, sie „versteht alles gut mit den Händen“, sagt sie, durch ihre Geschicklichkeit ist sie überall einsetzbar, verrichtet zur Not Männerarbeit und ist nach 22-jährigem Arbeitsleben sogar in der Lage, die großen Nähmaschinen eigenhändig zu warten. Wie die anderen Frauen arbeitet sie gern, die Berufstätigkeit hilft ihr aus der häuslichen Isolation. Sie hat sich ihren Status hart erkämpft, indem sie versucht, wenn schon nicht Deutsche, so doch Mann, Frau und Mechanikerin in einem zu sein. Durch ihre vielseitige Verfügbarkeit bringt sie mehr Leistung und spart mittlerweile zu viele Arbeitskräfte ein, als daß sie selbst noch entbehrlich wäre. Gleichzeitig verkörpert sie in ihrem Übermaß an Fähigkeiten aber eine latente Drohung in bezug auf die Arbeitsmoral der anderen.

Der Chef bezahlt keinen Pfennig zu wenig, sagen die Näherinnen, was auch soviel heißt wie: keinen Pfennig zu viel. Daß sie es so formulieren, obwohl man den Satz auch umdrehen kann, deutet auf ihre Wohlgesonnenheit, Loyalität, aber auch auf die dem Führungspersonal gegenüber angebrachte Vorsicht. Die deutschen Kollegen sind sich einig darin, daß Ausländer, vor allem Ausländerinnen, ihre Interessen nicht vertreten, daß sie viel unsicherer sind, wenn es etwa um Lohnerhöhungen oder Urlaub geht. Ähnlich verhält es sich mit dem Respekt vor dem Chef; er wird von den Ausländerinnen nicht zufällig verglichen mit einem Patron wie man ihn aus italienischen Filmen kennt, der gutmütig ist, solange man ihm den nötigen Respekt zollt. Die deutschen Kollegen haben, wie sie selbst sagen, den Vorteil, sich auch andere Arbeit suchen zu können, während die Ausländerinnen um ihre Arbeitsplätze bangen. Unter ihnen verfügen die Italienerinnen noch über das stärkste Selbstbewußtsein; sie fühlen sich weniger gefährdet als die anderen Ausländerinnen. Dies liegt nicht zuletzt daran, daß italienische „Gastarbeiter“ und „Gastarbeiterinnen“, im Gegensatz zu den türkischen, durch die EG-Zugehörigkeit ihres Landes einen privilegierten Status haben.

Alle Frauen schätzen ihre Arbeit, für die sie ihre Heimatländer verlassen haben, da es nicht einmal für den Mann, geschweige denn für die Frau dort Arbeitsmöglichkeiten gab. Sie empfinden es als Privileg, mitverdienen zu können. Zudem entfällt für sie bei dieser Art der Arbeit ein Unsicherheitsfaktor; Nähen ist ihnen von Kindheit an vertraut und kann geleistet werden, ohne daß die Unzulänglichkeit ihrer Sprache zutage tritt. Ein Sack ist nicht so kompliziert wie eine Hose oder ein Kleid, da kann man nicht viel falsch machen, versichern alle. Ein weiteres Moment der Anhänglichkeit dem Betrieb gegenüber besteht darin, daß die langjährigen ausländischen Mitarbeiterinnen sich die Kolleginnen gewissermaßen selbst gesucht haben, indem sie die freiwerdenden Arbeitsplätze an Freunde und Bekannte weitervermittelten. Damit lüftet sich ein Teil des Betriebsgeheimnisses hinsichtlich der Atmosphäre, denn jede Neue hat mindestens eine Ansprechpartnerin und Vertraute, die ihr die Anpassung erleichtert und den Betrieb entlastet, indem der Arbeitsrhythmus kaum beeinträchtigt wird.

Durch ihre zahlenmäßige Überlegenheit den deutschen Mitarbeitern gegenüber, was nicht zuletzt an der „schmutzigen Arbeit“ und am wenig verlockenden Gehalt liegt, „erzwingen“ die Ausländerinnen in ihrer Mehrheit eine Sensibilisierung im Umgang mit ihnen. Ihre offensichtlichsten Probleme lassen sich in so einem kleinen Betrieb beim besten Willen nicht übersehen, will man nicht das Betriebsklima und damit die Arbeitsmoral gefährden. Das Führungspersonal hat diesen Zustand zu nutzen gewußt und aus der Not des hohen Ausländeranteils eine Tugend hinsichtlich der Atmosphäre gemacht. Längst schon werden die Ausländerinnen durch die deutschen Mitarbeiter und Mitarbeiterinnen aufgefordert, ihre Bräuche beizubehalten, sie öffentlich zu machen, um die Deutschen ein wenig an der Exotik, am Fremden teilhaben zu lassen. Solche Teilhabe geht, hier wie meist, durch den Magen, der immer noch der flexibelste, für Fremdes am ehesten empfängliche Ort im Menschen zu sein scheint. Im Betrieb ist es längst zum Ritual geworden, den eigenen Geburtstag zu einer landesüblichen Festtafel zu stilisieren – mit Tzaziki, Musàka, Oliven, wenn die Griechin, und Pizza, Lasagne, wenn die Italienerin Geburtstag hat. Für Fatma, deren letzter „nicht-assimilierbarer" Rest das Festhalten an ihrer moslemischen Religion ist – einzig im Glauben hat sie sich als hartnäckig erwiesen –, ist in solchen Momenten gesorgt, indem Schweinefleisch grundsätzlich vermieden wird. Von kultureller Vielfalt in Form von Speisen wird profitiert, denn dies hat noch nichts Bedrohliches für die anderen Mitarbeiter und Mitarbeiterinnen an sich, sondern verspricht Genuß. Aus den kulturellen Eigenheiten und Gewohnheiten des einen, soweit noch vorhanden, erwächst für den anderen die Chance, das Angebot, sich in bescheidenem Rahmen „befremden" zu lassen. Ein „bißchen Fremdheit" darf schon sein, aber nachvollziehbar und unaufdringlich muß es bleiben.

Überhaupt scheint die Fähigkeit, sich „befremden" zu lassen, im Gegensatz zum gewollt wirkenden Verzicht auf jegliche Differenz zwischen Menschen, ungeahnte Möglichkeiten zu bieten. So berichtet die Sekretärin von ihrer Befremdung, die eintrat, als sie vor 25 Jahren anfing, mit „leibhaftigen Ausländern" zusammenzuarbeiten, als sie feststellen mußte, „daß sie nicht so waren, wie sie es sich bisher immer gedacht hat". Sie macht die Bekanntschaft mit Griechen, Türken, Italienern dafür verantwortlich, daß deren Länder auf sie weniger bedrohlich wirken, daß sie sogar eine ausgesprochene Reiselust hinsichtlich dieser Länder entwickelt hat. Die Ausländerinnen ihrerseits fördern diese Reiselust, indem sie Empfehlungen machen oder den Deutschen ihre Häuser, für deren Abzahlung sie arbeiten, zur Verfügung stellen. Es freut sie, daß ihre Heimat besucht wird, daß die Deutschen zu sehen bekommen, daß es ihre Länder, ihre Kultur wirklich gibt.

Doch neben dem ritualisierten Umgang mit Geburtstagen in diesem Betrieb gibt es ein viel maßgeblicheres Ereignis im Arbeitsalltag der Ausländerinnen. Das sind die Momente, wo ihre eigene Sprache plötzlich eine Funktion bekommt: Wenn nämlich ein „großer Türke“ oder ein „großer Grieche“ kommt, was soviel heißt wie: ein Lkw, beladen mit Gewebe aus der Türkei oder Griechenland, und wenn sie mit dem Lkw-Fahrer verhandeln, um den bürokratisch-technischen Aufwand zu beschleunigen. Das häufig empfundene sprachliche Unvermögen wird durch die Kompetenz ein wenig ausgewogen, denn an dieser Stelle sprechen sie ihre Sprache nicht in Ermangelung einer anderen Sprache, sondern werden eingesetzt *als* Türkin oder *als* Griechin, die eine Sprache sprechen, die nicht jeder kann.

Bei näherem Hinsehen zeigt sich jedoch auch, daß der Betrieb über einige Mythen verfügt, die über die Jahre fest verankert wurden. Zum festen Bestand der Mythen gehört die vereinfachende Behauptung des Führungspersonals, daß alle Mitglieder der verschiedenen nationalen Gruppen aus einem Dorf, „aus derselben Ecke“ kommen, was sich bei näherem Befragen als Irrtum erweist. Weder kommen die Sizilianerinnen alle aus Catania, noch die Griechinnen alle aus Thessaloniki. Die Legende dient vermutlich der Bagatellisierung möglicher Probleme, der Entschärfung von Konflikten und dem Versuch der Harmonisierung, indem Vertrautheit und Gemeinsamkeit über lange Jahre einfach vorausgesetzt werden.

Trotz der Tatsache, daß sich nur zwei Frauen aus ihrer Heimat kennen, andere sich dagegen erst in Deutschland aufgrund der gemeinsamen Sprache angefreundet haben, wird die Vorstellung kultiviert, daß sowohl Freundschaften als auch Feindschaften aus der Heimat „importiert“ sind. Möglich, daß sich diese Annahme noch stärker durchsetzte durch den Umstand, daß der Betrieb vor Jahren einmal Schauplatz eines Dramas zweier italienischer Familien war: Eine noch aus Italien herrührende private Auseinandersetzung zwischen den Familien war derart eskaliert, daß sich der Streit auf Dauer nicht mehr aus dem Betriebsalltag heraushalten ließ. Als dann der auf italienisch geführte Streit gewalttätige Formen annahm, weil weitere Angehörige der Familien den Betrieb zum Austausch gegenseitiger Drohungen benutzten, ließ der Chef einen Dolmetscher kommen, um sich Klarheit über den Inhalt der Streitigkeit zu verschaffen. Der Dolmetscher jedoch wurde derart in die Geschichte hineingezogen, daß er selbst zwischen die Fronten geriet. Statt den Streit für die deutschen Zuschauer zu übersetzen, beteiligte er sich, auf italienisch, selbst daran. Nach diesem gescheiterten Schlichtungsversuch und drei weiteren zermürbenden Monaten, in denen die Produktion beinahe völlig zum Erliegen kam, wurden beide Italienerinnen aufgrund des untragbar gewordenen Zustands entlassen. Im Kollektivgedächtnis der Arbeiterinnen ist der Tag dieser Entlassung der schwärzeste Tag ihres Betriebslebens. – Natürlich suggeriert ein eng vertrauter, aber auch ein feindseliger Umgang der nationalen Gruppen untereinander ein solch jahrelanges Kennen („aus der Heimat"), doch sorgt für den festen Zusammenhalt eher die soziale Not bzw. Isolation als die gemeinsame Herkunft. Die gegenteilige Annahme irrt, dient aber womöglich der Abwehr des Gedankens, daß die Ausländerinnen auch im Betrieb Anlaß zum Streit finden könnten.

Ins Reich der Erfindungen gehört neben der Behauptung der gemeinsamen Herkunft der nationalen Gruppen auch die Annahme, daß die verschiedenen Nationalitäten sich eine eigene Sprache erfunden hätten – laut Betriebsleiter ein Konglomerat aus Italienisch, Türkisch, Deutsch, Russisch, Griechisch unter Hinzunahme von Händen und Füßen. Der Mythos von einer neuen Sprache versucht der brüchigen Kommunikation etwas abzugewinnen, das vermeintliche Kauderwelsch zwar nicht unbedingt über den Betrieb hinaus als gesellschaftsfähig, aber doch als originell zu empfinden. Die offensichtlich vorhandene Sprachbarriere bedeutet für alle Isolation, bei allem Drang zur Mitteilung ein stets verbleibendes Stück Einsamkeit. Das Führungspersonal ist sich einig in der Behauptung, daß die Sprachbarriere von den Ausländerinnen dazu benutzt wird, Unverständnis vorzutäuschen, um sich unangenehmen Arbeiten oder der Kritik zu entziehen. Da viele Probleme unaussprechbar bleiben, wird gemeinhin angenommen, daß der sprachliche Mangel das einzig akute Problem sei. Zwar ist durch die Jahre, durch Vertrautheit und Sensibilisierung, vieles vermittelbarer geworden, doch gibt es noch immer ein großes Potential an Unklarheit, da sich vieles nicht präzisieren läßt. So hat man sich beispielsweise daran gewöhnt, wenn von Krankheitsfällen berichtet wird, selten zu wissen, um welche Krankheit oder um welches Organ es sich handelt, sondern lediglich zu erfahren, welcher Körperteil betroffen ist.

Die deutschen Näherinnen, auf einer Stufe mit den ausländischen Frauen, gelten als „Dolmetscherinnen" ohne Qualifikation, denn sie verhandeln zwischen dem Betriebsleiter und den ausländischen Näherinnen, ohne deren Sprachen zu sprechen. Einzig die Geduld, die unermüdliche Wiederholung fördert das Verstehen, sie spiegelt sich im festen Bestand eines bestimmten Sprachgebrauchs der deutschen Frauen, in Sätzen wie „Wollen wir es einmal so sagen, versuchen wir es mal so herum". Es fällt der Vergleich zum Umgang mit den eigenen Enkeln, sprachlich müsse man die Ausländerinnen ähnlich wie Kinder behandeln, weil man genauer erklären und langsamer reden muß.

Der Betrieb, für die Türkinnen und Griechinnen so ziemlich der einzige Ort, an dem sie mit Deutschen in Kontakt kommen, gilt, soweit es der Arbeitsablauf zuläßt, als ein Ort, an dem Hilfe geboten wird und in Anspruch genommen werden kann. Für viele Frauen dient die Zusammenarbeit mit Deutschen als einziger sichtbarer Beweis ihrer Integration. Denn darüber hinaus gibt es gerade für Frauen mit ihrer täglichen Doppelbelastung kaum Anknüpfungspunkte, Bereiche, in denen sie Deutschen begegnen. Selbst Betriebsausflüge, die als ein Abweichen von alltäglicher Überschaubarkeit empfunden werden, erweisen sich als kaum durchführbar, da der Tag der Ausländerinnen oft auf die Minute genau abgestimmt ist mit ihren familiären Verpflichtungen. Der Betrieb erfüllt eine soziale Funktion als oft einzigartige Anlaufstelle und wird als solche von den Ausländerinnen sehr geschätzt. Viele bürokratische Hürden, die von Ausländern und Ausländerinnen genommen werden müssen, werden dort bewältigt und oft genug sieht man die Erleichterung in den Gesichtern der Frauen, scheinbar Unlösbares so schnell durch die Hilfe anderer überwunden zu haben.

Häufig bieten die Nachrichten vom Vorabend Gesprächsstoff für einen ganzen Tag; die deutschen Kollegen müssen mit vielen Verständnisfragen rechnen und sind von daher gut informiert.

Ein starkes Aufklärungsbedürfnis besteht natürlich bei Nachrichten und Informationen über die jeweiligen Länder der Ausländerinnen, an denen sie sehr starken Anteil nehmen. So herrschte große Verwirrung und Trauer im Betrieb, als die ersten Bilder über das große Erdbeben 1984 in Süditalien über den Bildschirm liefen oder als 1992 der Ätna ausgebrochen war. Mit vielen Beschwichtigungsversuchen und mit der Behebung von Informationsdefiziten gelingt es den deutschen Kollegen manchmal, die Betroffenen angesichts einer Katastrophe von ihrer Endzeitstimmung, ihren Visionen des Heimatverlusts zu entlasten. In solchen Momenten kommt bei den betroffenen ausländischen Mitarbeiterinnen ein Gefühl der Schuld mit ins Spiel – der „Schuld" daran, sich bei einer solchen Katastrophe in Sicherheit zu befinden.

An den politischen Ereignissen in Deutschland nehmen sie, da es sie zum Teil selbst angeht, starken Anteil. Mit der allen gemeinsamen Loyalität dem Betrieb und den Kollegen gegenüber versichern sie, selbst noch nie Opfer schlechter Behandlung geworden zu sein. Daß es Ausländerhaß gibt, entnehmen sie nur dem Fernsehen und den Zeitungen, was oft genug Anlaß zu Diskussionen im Betrieb gibt. Doch betroffen vom Haß sind nicht sie, sondern immer die Anderen. Sie verweisen alle auf den langen Zeitraum ihres Lebens in Deutschland, auf ihre stärkere Zugehörigkeit und Ununterscheidbarkeit vor allem bei ihren Kindern und Enkelkindern, im Gegensatz zu den Einwanderern jüngeren Datums. Sie scheinen überzeugt, daß ihnen nach so vielen Jahren der Integration derartiges nicht mehr zustößt. Trotzdem vermittelt sich etwas von der uneingestandenen Bedrohung in dem spaßhaften Hinweis an die deutsche Kollegin auf ein geeignetes Versteck im Ernstfall: „Wenn wir alle rausmüssen, dann versteckst du uns in deinem Heizungskeller." Viele Fragen verdichten sich nicht nur zu Ängsten, sondern auch zur Empfindung des Unrechts. In Anbetracht der monatlichen Lohnabgaben an die Bevölkerung im Osten Deutschlands fragen sie ihre deutschen Kolleginnen immer wieder, warum die Deutschen die Mauer aufgemacht hätten, denn für sie, die sie im Westen ihrer Meinung nach längst akzeptiert sind, kommt der Ausländerhaß von den Rechtsradikalen aus dem Osten und trifft sie doppelt hart und ungerecht.

Zwischen den deutschen und ausländischen Kollegen haben sich allmählich „Wahlverwandtschaften“ ergeben, die sich sprachlich fixieren; so hat die deutsche Kollegin unter den Italienerinnen eine „Schwester“, die groß und stark ist und ihr unter die Arme greift, wenn es sein muß. Für den Sohn der Italienerin ist sie bereits die „Tante“, was den Anlaß für ein weitverzweigtes Wahlverwandtschaftsgeflecht bildet. Die grundsätzliche Basis dieser Wahlverwandtschaften liegt auf überzeugende Art in der gegenseitigen Hilfsbereitschaft und Sympathie. Die Identifikation zwischen den deutschen und ausländischen Mitarbeiterinnen bis hinauf zum Büropersonal vollzieht sich über eine Analogie ihrer sozialen Rollen. Gesprächsstoff bietet der Austausch von gemeinsamen Erfahrungen als Mutter oder Großmutter oder auch über familiäre Ereignisse wie Taufen und Hochzeiten, die überwiegend in den Heimatländern stattfinden. Es bietet sich dann auch die Gelegenheit, sich in der Freizeit zu treffen, um sich das Video von der griechischen Hochzeit anzuschauen. Ziemlich schnell geraten sie jedoch an den Punkt, wo kulturelle Unterschiede und daraus resultierende Konflikte sichtbar werden, wo festgestellt wird, daß die Bezeichnung der Mutter zwar die gleiche ist, deren Rolle aber je nach Kultur ganz anders gefüllt wird. Unvermeidlich ist es hier, eine Differenz zwischen Deutschen und Ausländern zuzugestehen, um sich neu annähern und Verständnis für die Lage der anderen aufbringen zu können. Generationskonflikte z. B. bieten auf seiten der Ausländer und Ausländerinnen ein viel größeres, für Deutsche nicht nachvollziehbares Konfliktpotential, denn die Rede von den Kindern ist eng verbunden mit den Gedanken an die Zukunft. Ihre Kinder, hier großgeworden, haben meist Wohnung und Beruf, sprechen perfekt Hessisch und haben keine Motivation, in die Heimat der Eltern zu gehen. Im Gegenteil, sie machen es durch ihr nahtloses Aufgehen in der deutschen Gesellschaft den Eltern nahezu unmöglich, Deutschland zu verlassen, ohne sich damit auch von ihren Kindern zu trennen. Sie tragen unwillkürlich dazu bei, die Eltern in das Leben in Deutschland einzubinden, deren Eingliederung zu forcieren. Deutlich wird dies am Bild von Fatmas Tochter, die ihr den Haarknoten abschneidet und somit die Forderungen der deutschen Gesellschaft nach Anpassung gegenüber ihrer Mutter durchsetzt.

Im Betrieb glaubt man sich gegenseitig nicht mehr den schalen Satz von der Rückkehr in die Heimat, denn das Vorhaben ist schon zu oft verschoben worden, und es finden sich stets weitere Gründe, es wieder zu verschieben. Die Rede von der Rückkehr in die Heimat scheint nach vielen Jahrzehnten nicht mehr unbedingt mit dem Wunsch, sie wirklich zu vollziehen, identisch zu sein und hat ihre ursprüngliche Funktion, die von Hindernissen übervolle Gegenwart erträglicher zu machen, eingebüßt. Denn ihre Heimat, so versichern alle, das sind, gerade wegen der eigenen Entfremdungserscheinungen und dem veränderten sozialen Status, ihre Kinder und Enkelkinder.

Die Identifikation verläuft, wie schon erwähnt, nur über ähnliche Rollen innerhalb der Familie, über Möglichkeiten, sich, zumindest oberflächlich gesehen, gleich zu sein. Zum Bedauern des Führungspersonals und auch der deutschen Kollegen und Kolleginnen gäbe es keine Identifikation im Wunsch nach Selbstverwirklichung, nach Leistungssteigerung bei der Arbeit, was als mangelndes Verantwortungsgefühl der Ausländerinnen verstanden wird. Sie werden als ausgesprochen „flüchtig" empfunden, wie stets „auf dem Sprung" und nicht bereit, sich, im Gegensatz zu den deutschen Kollegen, auf irgend etwas verantwortlich festlegen zu lassen. Der Selbstverwirklichung, dem „Etwas-leisten-Wollen" steht die Formel „Acht Stunden Arbeit, auf Wiedersehen, Nach-Hause-Gehen" gegenüber. Trotz des Bemühens, nicht die Mentalität einzelner für Arbeitsmoral und Verantwortlichkeit im Fortgang der Produktion ins Feld zu führen, werden hier kulturelle Unterschiede gemacht. Während die Türkinnen als die Fleißigsten gelten, gefolgt von den Griechinnen, stehen ihnen die Italienerinnen, hauptsächlich die Sizilianerinnen mit ihrer im Betrieb bereits sprichwörtlich gewordenen Faulheit und ihrem nicht zu stoppenden Redefluß gegenüber. In der Theorie wehren sich alle dagegen, Eigenschaften einer Person, sei es das Temperament einer Italienerin, repräsentativ für ein Volk zu nehmen, und das selbst dann, wenn die Sizilianerinnen sich im Kollektiv damit verteidigen, sie seien faul, da sie alle das Arbeiten in ihrer Heimat nicht gelernt hätten. In der Praxis löst sich dies nicht ganz ein, Typisierungen und sogar von den Ausländerinnen selbst als Kulturmerkmale gepflegte Klischees sind an der Tagesordnung.

Eigentlich ist also alles gut, wäre da nicht dieses leidige Problem mit „dem Russen", das immer wieder anklingt und das alle, vom Chef über das Büro bis zu den Arbeitern und Arbeiterinnen eint. Es scheint fast so, als sollte der Verweis auf die Unintegrierbarkeit, auf den unüberwindbaren Unterschied zu einem einzelnen dazu beitragen, Einheit zu stiften und die Differenz zwischen jedem anderen zum Verschwinden zu bringen. Denn jeder in diesem Betrieb scheint dem anderen ähnlicher zu sein als der Russe. Das, was so beharrlich vermieden wird, nämlich von der Person auf ein ganzes Volk zu schließen, von Mentalitäten zu sprechen, bricht im Umgang mit dem Russen dann doch durch. Nicht „der Russe", sondern gleich „die Russen" sind im Gegensatz zu anderen Nationen ein „völlig anderer Menschenschlag", sie sind hart, unnahbar und machen wenig Spässe – finden die Kollegen. Sie sind auch die einzigen, die irgendwann, ohne daß sie in Rente oder in die Heimat gehen, den Betrieb verlassen. Wo sie dann hingehen, das weiß niemand.

„Der Russe" bzw. der Wolgadeutsche, momentan der einzige in dem Betrieb, zuständig für alle Arbeiten der Lagerhaltung, für das Pressen der Ballen, das Verpacken der Säcke und das Beladen der Lkws, ist unbelehrbar. Nicht nur weist er die fremden, schön zubereiteten Speisen zurück, er unterschreibt auch aus Prinzip nichts, weder Grußkarten noch sonst etwas, was er damit begründet, daß er zuviele Volkszählungen über sich habe ergehen lassen müssen. Zu seinem Geburtstag nimmt er immer Urlaub, weil er, wie er sagt, nicht gefeiert und beachtet werden will. Einmal haben ihm die Kollegen Blumen über Fleurop geschickt, da hat er getobt und ihnen gedroht. Nur Geld gibt er sofort, wenn es darum geht, für ein Geschenk zu sammeln, denn dem Geld sieht man nicht an, ob es von ihm oder jemand anderem stammt, für eine so unpersönliche Gabe muß er persönlich nicht haften. Der häufige Satz der Ausländerinnen von der Rückkehr in die Heimat, ist „dem Russen“ fremd.

Er stört das, was man gemeinhin Konsens nennt; so etwas wie Heimat kennt er nicht, und wohin er gehört, weiß er nicht, was sich auch darin äußert, daß er nicht bezeichnet werden will. Von ihm als Russen oder Weißrussen zu sprechen macht ihn genauso wütend, wie ihn als Deutschen zu bezeichnen. Er läßt es nicht zu, daß man ihn auf eine griffige Formel bringt, daß er eine Nationalität, eine Kultur hat, die mitteilbar wäre und andere interessieren könnte. Durch seine Aversion dagegen, als Exot, als Bereicherung der kulturellen Vielfalt gehandelt zu werden, wird er erst recht zum Exoten, zum ungenießbaren Außenseiter. Mit seinen 60 Jahren ist er nur noch in der Lage, unverdauliche Bruchstücke seines Lebens auszustoßen, was sich mit dem Plaudern und Lachen der anderen Kollegen als unvereinbar erweist. Er spricht nicht von Heimat, sondern von Vertreibung, Krieg und Tod. Er hat keine Kinder, über die er berichten könnte und verweigert jegliches konsensbildende Gespräch unter den Männern dieses Betriebes, da er ständig auf Autos und Chemie schimpft. Nur konsequent, daß er unter den drei Pausenräumen einen für sich alleine hat, denn um das Trennende vollends zu fixieren, ißt er Brötchen, belegt mit Knoblauch, und trinkt Kefir, in dem Knoblauchzehen schwimmen. Hier geht die Integration nicht einmal mehr durch den Magen.

Daß „der Russe“ seine Entwurzelung, gekoppelt mit dem Mißtrauen allen gemeinschaftsstiftenden Aktivitäten gegenüber, so offen zur Schau trägt, kann ihm keiner verzeihen, obwohl er gerade den Deutschen gegenüber Hinweise auf seine „Verschrobenheit“ gibt. Er erklärt sich, nur beleidigen diese Erklärungen den mühsam erworbenen, harmonisierenden Gemeinschafts- und Geborgenheitssinn. „Der Russe“ boykottiert alle Maßnahmen, die ergriffen werden, um sich als Ausländer oder Ausländerin das Leben in Deutschland erträglicher zu machen: soziale Kontakte, Flexibilität, Anpassungsbereitschaft, Spaß, Stolz auf die Heimat. An „dem Russen“ wird offenbar, daß Fremdheit, obwohl sie sich unter dem übrigen Personal auf ein vermeintlich kaum spürbares Minimum reduziert hat, eben nicht wegzudenken ist. Ihn trifft das, worauf im Umgang mit den anderen durch gewollte Relativierung verzichtet wurde: seine Andersartigkeit wird als bedrohlich und destruktiv empfunden.

Wird das Denken einer wirklichen Differenz ausgespart, die eigentlich nicht zwischen Völkern, sondern zwischen Menschen besteht, so muß nun doch ein „Menschenschlag", eine Nationalität herhalten, um das zu verkörpern, was sich als unvereinbar erweist. Obwohl er ein Störenfried ohnegleichen ist, ist „der Russe" nicht gefährdet, seine Arbeit zu verlieren, denn die macht er gut, und so, wie er einen Pausenraum für sich alleine hat, hat er auch den Lager- und Verpackungsraum ganz für sich, dafür hat er auf seine Art gesorgt. Denn den anderen Ausländern und Ausländerinnen bleibt im unbequemen Umgang mit „dem Russen" das Lachen im Halse stecken.

Und so läßt dieser Betrieb bei genauerem Hinsehen nicht nur die Katze, sondern auch noch den Knüppel aus dem Sack.

Sabine Berloge

Aber heute bin ich still. Exil in Deutschland

In der Nähe des Elisabethmarktes wird der Münchener Stadtteil Schwabing immer schicker. Ausgebaute Dachgeschosse, renovierte Fassaden, Bars und Cafés prägen das Bild. Damit einher geht die übliche Vertreibung der alteingesessenen Läden und Geschäfte, die die neuen Mieten nicht verkraften können. Handwerkerbedarf, Fleischerei und Zeitungsgeschäft sind Boutiquen gewichen. Die Besorgnis der Anwohner war deshalb groß, als auch das letzte kleine Lebensmittelgeschäft und eine verstaubte Bäckerei vor der Schließung standen. Heute jedoch sind die beiden Läden zusammengelegt und beherbergen eines der wenigen für den Alltag nützlichen Geschäfte der Umgebung.

Unter einer Markise stehen auf der Straße Obst- und Gemüsekästen, auch mit Früchten aus biologischem Anbau. Drinnen erwartet die Kunden nicht nur das klassische Sortiment eines anspruchsvollen Tante-Emma-Ladens, sondern es finden sich Kaviar, Datteln, Rosinen, Pistazien, Henna und, im Winter, süße Zitronen aus dem Iran, Basmati-Reis und arabisches Brot. Ein iranisches Ehepaar versorgt die Nachbarn auch noch am Sonnabendnachmittag mit diesen Köstlichkeiten – oder am Abend, wenn die Supermärkte längst geschlossen haben.

Mehran Pouya, 41 Jahre alt, ist iranischer Kurde und seit 1984 in Deutschland anerkannter Asylbewerber. Im Iran war er Journalist und Mitglied einer linken Organisation, die zunächst die Revolution gegen den Schah unterstützte, von der islamischen Regierung aber bald verboten wurde. Viele seiner Genossen wurden verhaftet, gefoltert und hingerichtet. Er selbst hielt sich ein halbes Jahr in Teheran versteckt, bis es ihm gelang, über die türkische Grenze zu flüchten. Damals war er schon verheiratet, drei Wochen vor seiner Flucht hatte seine Frau Sima ihr erstes

Kind, die Tochter Sara, zur Welt gebracht. In der Türkei blieb Mehran Pouya fünf ungewisse Monate, bis er in die Bundesrepublik Deutschland weiterreisen konnte, wo er politisches Asyl beantragte.

Was immer sich Sima Pouya, die heute 35 Jahre alt ist, für ihre Zukunft ausgemalt hatte, ein Leben als Lebensmittelhändlerin in einem fremden Land war es sicher nicht. Sie stammt aus einer gutbürgerlichen Familie im Süden Irans, einer Familie, die sie selbst als liberal und demokratisch bezeichnet. So war es selbstverständlich, daß sie Abitur machte und dann nach Teheran ging, um dort zu studieren. Auch die Wahl ihres Studienfaches, Informatik, fand die Zustimmung ihrer aufgeschlossenen Eltern. Das Studium fiel zusammen mit der Zeit der Revolution, die Sima Pouya begeistert unterstützte. Zwar lehnte sie die aufkommende islamische Kleiderordnung für Frauen ab, tröstete sich aber damit, daß es damals genügte, ein Kopftuch umzubinden und ein langärmeliges Kleid zu tragen. So nahm sie mit ihren Kommilitoninnen an vielen Demonstrationen teil und organisierte sich – wie ihr späterer Mann, den sie über die politische Arbeit kennenlernte – in einer linken Organisation. Nach dem Diplom ging sie im Auftrag einer Regierungsorganisation als Lehrerin für Analphabeten an eine Fabrik außerhalb Teherans. Die folgenden zwei Jahre, in denen sie Arbeitern aus dem türkischen Grenzgebiet Lesen und Schreiben beibrachte, gehören zu ihren positivsten Erfahrungen.

Zwar gab es heftige Auseinandersetzungen mit der Fabrikleitung, die die Arbeiter nicht für den Unterricht von der Produktion freistellen wollte, zwar fand sich Frau Pouya nach jeweils zweistündiger Anfahrt in einer für sie völlig ungewohnten Umgebung und Tätigkeit, aber sie unterrichtete mit Erfolg und Engagement und errang schließlich sogar den Respekt und die Unterstützung der Geschäftsleitung.

Dies sollte bis heute die einzige Zeit ihres Lebens bleiben, in der sie eine sie befriedigende Arbeit ausüben konnte. Inzwischen nämlich hatte die politische Repression im Iran massiv zugenommen, sie richtete sich zunächst vor allem gegen die Linke. Deshalb erschien es ihr immer riskanter, als Oppositionelle in einer Regierungsorganisation zu arbeiten. Schweren Herzens ging sie zurück nach Teheran, wo sie heiratete und als Mathematiklehrerin an einem Gymnasium angestellt wurde. Zwar gefiel ihr auch diese Tätigkeit, aber ihr fehlte der Aspekt der gesellschaftlichen Relevanz, den sie in der Alphabetisierungsarbeit verwirklicht gesehen hatte. Insgesamt spitzte sich ihre Lage immer mehr zu. Während ihrer Schwangerschaft bangte sie um ihren Mann, von dessen Aufenthaltsort und Schicksal sie manchmal monatelang nichts erfuhr. Nach seiner Flucht schließlich brach ihr bisheriges Leben völlig zusammen: Sie mußte kündigen, löste ihre Wohnung in Teheran auf und zog mit dem Neugeborenen zurück in die Provinz zu den Eltern. Dort hoffte sie, der Aufmerksamkeit der Staatsorgane zu entgehen, und wartete, wieder einmal, auf Nachricht von ihrem Mann.

Der meldete sich schließlich aus Deutschland. Als Sima Pouya endlich ein Touristenvisum für sich und ihre Tochter erhalten hatte und zu ihm flog, war Sara schon fast ein Jahr alt. Was damals unvorstellbar schien: Erst acht Jahre später sollte sie ihre Familie im Iran wiedersehen. Für Herrn Pouya bleibt das Land bis heute verschlossen. Und bis heute haben beide diesen Verlust nicht verwunden: „Wir hatten nie damit gerechnet, daß wir den Iran eines Tages würden verlassen müssen. Es ist sehr schwer, im Iran zu leben, besonders heute. Aber trotzdem: Heimat ist Heimat, der Iran ist unser Zuhause."

Frau Pouyas erster Eindruck von Deutschland war durchaus positiv. Zur Erleichterung darüber, ihren Mann endlich wiederzusehen, kam das Staunen über „die vielen Lichter und Farben". Im Iran, so erinnert sie sich, sah man auf den Straßen, in den Büros und in der Schule nur schwarze, braune und dunkelblaue Tschadors, alles war gedrückt und düster, nur zu Hause konnte man sich etwas fröhlicher kleiden. In Deutschland aber war selbst die kleine Tochter bereits auf dem Flughafen fasziniert und entzückt von der neuen Helligkeit und Farbigkeit ihrer Umgebung. Insgesamt positiv sind Frau Pouyas Eindrücke von Deutschland bis heute geblieben. Manchmal ist sie sich nicht sicher, ob sie als Ausländerin gemeint ist, wenn Einheimische unfreundlich mit ihr umgehen, oder ob die Deutschen auch untereinander so ungeduldig und mißtrauisch sind. Insgesamt jedoch fühlt sie sich gut aufgenommen. Die Probleme mit dem Leben in Deutschland, mit denen sie dennoch bis heute zu kämpfen hat, gehen ihrer Auffassung nach auf die Tatsache zurück, daß sie gegen ihren Willen die Heimat verlassen mußte: „Wo man freiwillig ist, da ist es anders."

Das Alltagsleben im Exil gestaltete sich von Beginn an recht schwierig. Anders als die meisten Frauen in ihrer Situation, stellte Sima Pouya keinen Asylantrag, da sie ihren iranischen Paß behalten wollte. So mußte sie ihr Visum von Monat zu Monat verlängern lassen. Später, als ihr Mann als Asylbewerber anerkannt war, erhielt sie jeweils eine einjährige Aufenthaltserlaubnis, durfte aber zunächst weder arbeiten, noch Sozialhilfe beantragen. So lebten sie vor allem von dem Geld, das ihre Familie aus dem Iran und ihre Schwester aus den USA schickten. Nachdem ein iranischer Freund sie eine Weile in seinem Studentenzimmer untergebracht hatte, fanden die Pouyas in Köln schließlich eine bezahlbare Wohnung und sogar einen Kindergartenplatz für Sara. Doch das Umherziehen hatte noch kein Ende, denn die politischen Freunde des Mannes, die in der Bundesrepublik eine Exilorganisation aufbauten, beschlossen, daß sie ihn in München brauchten; die Familie zog erneut um. Erst seitdem sie 1985 am Stadtrand eine Wohnung fanden, hat sich ihre Situation etwas beruhigt.

Hier in München besuchte Herr Pouya zum ersten Mal einen Deutschkurs. Daß er diese Sprache dennoch bis heute nur schlecht beherrscht, liegt wohl vor allem daran, daß er es im Grunde nicht akzeptieren kann, sich auf eine Zukunft in Deutschland einstellen zu müssen. So bewegt er sich fast ausschließlich innerhalb der iranischen Exilgemeinde und lebt von der Hoffnung, eines Tages nach Hause zurückkehren zu können.

Seine Frau hingegen ging schon bald davon aus, daß sie sich womöglich auf einen längeren Aufenthalt in Deutschland würde einstellen müssen, und setzte alles daran, möglichst gut Deutsch zu lernen. Immer wieder jedoch zerschlugen sich Möglichkeiten, einen Kurs zu besuchen, weil die Familie umzog. Die Versuche, zu Hause für sich zu lernen, führten nicht weit, denn die kleine

Tochter, nervös und verunsichert durch die vielen Ortswechsel, klammerte sich an ihre Mutter. Schlief Sara endlich, war Frau Pouya zu erschöpft, um noch erfolgreich ihre Lehrbücher studieren zu können. In München wollte sie sich damit nicht mehr zufriedengeben, wollte ohnehin damit beginnen, an ihre iranische Berufsqualifikation anzuknüpfen mit dem Ziel, eines Tages in Deutschland als Informatikerin zu arbeiten. Also absolvierte sie einen Deutsch-Kurs an der Technischen Universität, bestand die Prüfung und schrieb sich im Fach Elektrotechnik ein – sie hoffte, später auf Informatik umsteigen zu können. Das war eine Zeit großer Anstrengungen und großer Hoffnungen. Aber schon bald mußte sie ihr Vorhaben, in der Fremde ihr altes Leben zu rekonstruieren, entmutigt aufgeben. Wegen ihrer immer noch bestehenden Sprachschwierigkeiten hätte sie die Möglichkeit haben müssen, zu Hause in Ruhe lernen und für ihr Studium arbeiten zu können. Die aber hatte sie nicht. Allabendlich trafen sich zahlreiche Exil-Iraner bei der Familie, um die ganze Nacht zu diskutieren. Hinzu kam, daß ihr Mann unbedingt ein zweites Kind wollte, ein Wunsch, dem sie sich nicht entziehen konnte.

Die Geburt des Sohnes Sajan, der 1986 auf die Welt kam, machte es noch schwieriger, das Studium fortzusetzen. Während dieser Zeit war Mehran Pouya arbeitslos. Zwar vermittelte das Arbeitsamt ihm hin und wieder eine Beschäftigung als Hilfsarbeiter, mit einem solchen sozialen Abstieg wollte und konnte er sich aber nicht abfinden. Die Möglichkeit, in Frankfurt an einer mehrjährigen Umschulungsmaßnahme teilzunehmen, scheiterte schließlich wiederum am Veto seiner Genossen. So war die Familie in einer Sackgasse angelangt. Es war Frau Pouya, die schließlich die Konsequenzen aus der verfahrenen Situation zog, ihr Studium aufgab und dreimal in der Woche als Verkäuferin arbeiten ging. Eines Tages berichtete Sima Pouya zu Hause, daß der Laden, in dem sie arbeitete, verkauft werden sollte. „Da entstand dann die dumme Idee, daß wir den Laden kaufen sollten, damit mein Mann Arbeit hatte“, erzählt sie. Arbeit hat ihr Mann seitdem tatsächlich mehr als genug – durchschnittlich 12 Stunden am Tag ist er dort beschäftigt, und er kann den Lebensunterhalt der Familie mit den Einkünften sichern. „Dumm“ war die Idee vor allem für Frau Pouya. Der Laden mußte umgebaut und erweitert werden, damit sie genug Umsatz machen konnten. All das verschlang viel Geld, das die Verwandten aufbrachten. Diese Kredite sind noch lange nicht zurückgezahlt, so daß es sich das Ehepaar nicht leisten kann, Angestellte zu beschäftigen. Nur eine iranische Freundin, die Chemie studiert, hilft hin und wieder aus. Also muß Sima Pouya mitarbeiten, muß vor allem immer dann zur Stelle sein, wenn mit Lieferanten oder Versicherungsvertretern auf Deutsch verhandelt werden muß.

„Mein Mann sagte: Okay, die ersten Monate hilfst Du mir, dann hast Du nichts mehr mit dem Laden zu tun. Er hat mir versprochen, daß ich dann frei bin und machen kann, was ich will. Aber es geht nicht, es geht leider nicht."

Ihr Fazit nach vier Jahren: „Insgesamt kann ich nicht einfach sagen: Der Laden ist das Problem meines Mannes. Er schafft es nicht allein. Trotzdem ist es mir unangenehm, eine Arbeit zu machen, die nichts mit meinem erlernten Beruf zu tun hat. Sicher, es kommen nette Leute in den Laden, man unterhält sich. Aber es ist doch nicht das, was ich einmal aus meinem Leben machen wollte."

Die Hoffnung, später einmal ihr Studium wieder aufnehmen zu können, hat sie inzwischen aufgegeben. Aber sie hält fest an dem Ziel, möglichst gut Deutsch zu lernen und eines Tages mit Computern zu arbeiten. „Nicht nur, um einen Job zu haben, sondern auch für mich, für meine Selbstachtung."

Für beide liegt hier das Hauptproblem ihres Lebens in Deutschland. Ihr Selbstbild und Selbstbewußtsein als eloquente und engagierte Akademiker droht zur bloßen Erinnerung zu verblassen angesichts des Alltags als Lebensmittelhändler, angesichts ihrer Schwierigkeiten, mit der deutschen Umgebung zu kommunizieren.

Sima Pouya beschreibt das so: „Früher hatte ich immer zu allem etwas zu sagen – aber heute, bei der Elternversammlung in der Schule, bei der Bank oder sonstwo bin ich still, aus Angst, Fehler zu machen." Für Außenstehende ist diese Scheu nicht unbedingt nachvollziehbar, denn Frau Pouya spricht recht gut Deutsch. Aber sie orientiert sich an ihren alten Standards und kann sich in der Frau, die beim Sprechen viel überlegen muß und dennoch Fehler macht, die nicht genau das ausdrücken kann, was sie sagen möchte, nicht wiedererkennen.

Zunehmende Isolation von der deutschen Umgebung ist die Folge. Gern würde sie z. B. die Eltern der Spielkameraden ihrer Kinder einmal zum Essen einladen, fürchtet aber, die Geduld ihrer deutschen Gäste zu sehr zu strapazieren, wenn diese spüren, wie schwierig es für sie ist, die richtigen Worte zu finden. Sicher würde sie sich in der fremden Sprache schneller zurechtfinden, wenn sie mit ihren Kindern Deutsch sprechen würde. Diese aber sind angehalten, zu Hause nur Farsi und Kurdisch zu reden, damit sie die Mutter- und die Vatersprache so perfekt wie möglich beherrschen.

Frau Pouya macht sich Sorgen darum, im Laufe der Zeit womöglich nicht nur ihre Selbstachtung, sondern auch die Achtung der beiden Kinder zu verlieren. Sara und Sayan, heute 8 und 6 Jahre alt, sprechen akzentfreies Deutsch und „ertappen" ihre Eltern immer häufiger bei Fehlern. Bei den Schulaufgaben stellen die Kinder fest, daß Mutter und Vater ihnen nur wenig helfen können. Lediglich wenn Sara für den wöchentlichen Farsi-Unterricht lernt, findet sie in ihrer Mutter eine kompetente Lehrerin. Zwar wird viel vom früheren Leben erzählt, aber das bleiben eben doch nur Geschichten aus einem fernen Land und aus vergangenen Zeiten, die durch keine Realität bestätigt werden.

Ähnlich geht es Sima Pouya, wenn sie mit ihrer Familie die iranischen Feste feiert. Weihnachten, Ostern, Nikolaus, das alles ist ihr fremd, aber genau diese Feste begeistern die Kinder. Schon Wochen vorher erzählen sie ihrer Mutter, was so alles dazugehört, singen Lieder und bringen Bastelarbeiten mit nach Hause. An die iranischen Feiertage jedoch, die den Eltern so viel bedeuten, denken sie erst, wenn die Mutter einige Tage vorher mit den Vorbereitungen beginnt. Manchmal muß Frau Pouya weinen, wenn sie sieht, wie fern ihren Kindern all das ist, was ihr am Herzen liegt.

Dennoch, so gut es geht, versuchen Mehran und Sima Pouya, Sprache(n) und Kultur ihrer Heimat den Kindern zu vermitteln, damit sie eines Tages alle zusammen wieder im Iran leben können. Daran, ob die Kinder dies wirklich wünschen werden, sollte sich jemals die Möglichkeit zur Rückkehr ergeben, hat jedenfalls ihre Mutter durchaus Zweifel: „Sara möchte noch nicht einmal innerhalb Münchens umziehen, weil sie ihre Freundinnen nicht verlieren will. Wie soll sie sich da je an ein Leben im Iran gewöhnen?"

Vor kurzem hat sie die Kinder für einige Wochen mit in den Iran genommen, als sie zum ersten Mal seit acht Jahren dort einen Besuch machte. „Ein riskantes Unternehmen, aber ich mußte es tun. Ich konnte manchmal nicht schlafen vor Heimweh und vor Sorgen. Vielleicht sehe ich meine Familie nie wieder, fürchtete ich, vielleicht sehen meine Eltern niemals ihre Enkelkinder." Jetzt, nach ihrer Rückkehr, fühlt sie sich ruhiger und ist froh darüber, daß ihre Kinder endlich einmal das Land gesehen haben, das ihre Heimat hätte sein sollen.

Trifft man die Familie Pouya in ihrem Laden, so teilt sich einiges mit von dem Dilemma eines Lebens im Exil. Ruhig und freundlich betreiben die Eheleute ihr florierendes Geschäft, die Kinder toben draußen umher, streicheln den Hund der Nachbarin und erzählen von der letzten Klassenarbeit und davon, daß sie gleich mit ihrer Mutter zum Schwimmen gehen werden.

Solche Szenen vermitteln den Eindruck von Normalität und erfolgreicher Integration, sie belegen, daß diese Familie es geschafft hat, für sich eine selbständige Existenz in einem fremden Land, in das sie nicht freiwillig kamen, aufzubauen. Und doch: Der schweigsame Mehran Pouya taut erst auf, wenn er davon berichtet, wie es einer exilierten Iranerin gelungen ist, sich unerkannt im Iran zu bewegen und sogar, unter dem Tschador hervor, Videoaufnahmen von oppositionellen Versammlungen zu machen. Dort sind seine Gedanken, das wäre sein Leben.

Frau Pouya, eine kleine zierliche Person, die ihre Heimat nicht verlieren, aber auch keine Fremde in Deutschland bleiben möchte, wird immer blasser und schmaler, auch ratloser darüber, wie sie persönlich in diesem Land ankommen, einen ihr gemäßen Platz finden soll. Nur für die Kinder scheint die Welt einfacher geordnet zu sein. Nach den Eindrücken ihrer Iran-Reise befragt, erzählen sie zufrieden von den Verwandten und ihren vielfältigen Erlebnissen. „Es hat uns gut dort gefallen", schließen sie ihren Bericht, „und jetzt ist es schön, daß wir wieder zu Hause sind."

Hans-Michael Bernhardt, Heide Heimpel, Leylâ Schulzke

Minderheiten in der Mehrheit: Schulalltag in Kreuzberg

Die Gebäude bestehen aus rotem Klinker, wie man sie häufig im Stadtbezirk antrifft; wilhelminische Epoche, ehedem Knaben- und Mädchenschule. Jetzt ist daraus ein „Arbeitsplatz" für nahezu 1000 sechs- bis zwölfjährige Kinder geworden, unter ihnen 80% ausländischer Herkunft – Minderheiten in der Mehrheit. Ironie der Geschichte: Der Geist, in dem diese Gebäude errichtet wurden, war besonders unduldsam mit Minderheiten umgegangen. Nun sind die steinernen Überreste jener Zeit zum Raum geworden, in dem ein Miteinander verschiedener Kulturkreise erprobt wird.

Auf dem Weg zur Schule oder in den Unterrichtspausen ist wenig Auffälliges zu sehen. Nur Außenstehende mag irritieren, daß hier deutsche Kinder und Lehrer einen Lernort vorfinden, der von ausländischen Bevölkerungsgruppen dominiert wird. Das bunte Gemisch der Schulkinder, ihre Spiele mit Gummiseil und Ball, ihre ernsthaften Gespräche und Raufereien, das Klicken von Murmeln: nichts Ungewöhnliches eigentlich. Gemütlich plaudernd und ohne Angst vor dem Zuspätkommen, im Sommer Wassereis lutschend, bummeln sie zur Schule, nur überholt von ihren Lehrern, die es eilig haben. Kaum vorstellbar, daß sie die Situation als unnormal empfinden: Normalität als Gradmesser für Integration.

Unter den arabischen, griechischen, jugoslawischen, afrikanischen . . . und deutschstämmigen Kindern aus Osteuropa bilden die Kinder aus der Türkei, unter ihnen viele Kurden, die größte Gruppe. Charakteristisch für das äußere Bild, besonders das der Türken, ist seine Vielfältigkeit. An den Türken fällt auf, mit welcher Aufmerksamkeit sie gekleidet sind; sie tragen farblich auf ihren Typ abgestimmte Kleider, mit viel Liebe von den Eltern ausgesucht. Viele von ihnen sind in extremer Weise modisch angezogen, tragen poppige Farben, wirken selbstsicher, haben keine Scheu und sprechen ihre Muttersprache ganz ungezwungen.

Aber niemals stellt sich der Eindruck von Einheitlichkeit ein. Während es auf der einen Seite zahlreiche Momente eines Bruchs mit der Tradition gibt, sind auf der anderen Seite Elemente islamischer Lebensweise häufig und unübersehbar: Mädchen mit Kopftuch und langen Röcken, Jungen mit sehr kurzem Haarschnitt, altmodischem Hemd und langer Hose. Sie wirken eher scheu, unsicher, noch befangen in der Kreuzberger Welt. Beide Welten scheinen jedoch koexistieren zu können.

Für viele der heranwachsenden türkischen Jugendlichen ist die Existenz ihrer Eltern, verhaftet in den traditionellen Bahnen, kein Leben mehr. Sie lieben ihre Eltern, wollen aber selbst ganz anders leben und sich nichts mehr vorschreiben lassen. Für viele Eltern ist das hart, und daraus können Familiendramen entstehen. Doch die Kinder wünschen, Teil ihrer Umgebung, der modernen Welt, zu werden. Sie haben den Wunsch dazuzugehören und wollen sich nicht mehr vom Umfeld unterscheiden. Untereinander, in ihren Gruppen, sprechen sie gewiß noch überwiegend türkisch; doch längst mischen sie ihre Muttersprache mit dem Deutschen, weil nur die Sprache ihrer Umwelt die adäquaten Begriffe für ihr neues Selbstverständnis bereithält. Manche wollen gar nicht mehr an ihre türkische Herkunft erinnert werden und lehnen es ab, in die Türkei zu verreisen, weil es in Deutschland so schön sei. Es wäre daher falsch, sich die türkische Bevölkerungsgruppe der 90er Jahre als einheitliche, geschlossene Gruppe vorzustellen, verhaftet in alten Strukturen und Orientierungen. Tatsächlich zeigt sich schon auf den zweiten Blick ein widersprüchliches Bild.

Möglich wurde diese Entwicklung durch eine offene Stadtgesellschaft. Als die türkischen Familien in den 70er Jahren in großer Zahl nach Kreuzberg kamen, veränderten sie das Gesicht des Bezirks schlagartig. Kreuzberg wurde bevorzugtes Wohngebiet, weil man billige Wohnungen vorfand und als Gruppe zusammenbleiben wollte. In diesen Jahren hatte die Tradition zunächst einen hohen Stellenwert und wurde bewahrt, um den Sprung aus einem ländlichen Milieu in die Großstadt überhaupt zu verkraften. Den damaligen „Gastarbeitern" kam entgegen, daß sie sich geben konnten, wie sie sich fühlten, und keine Angst haben mußten, sich als Türken in der Öffentlichkeit zu zeigen. Die Großstadt erlaubte ihnen, auf den Bahnhöfen, den Straßen und Stadtparks sich selbst treu zu bleiben, unbefangen ihre Sprache zu sprechen und ihre kulturellen Eigenarten zu bewahren.

Gewiß, es gab Diskriminierungen, Vorurteile, viele kleine und größere Benachteiligungen, ungleiche Rechte. Und es gab auch Erwartungen in der deutschen Bevölkerung, daß sie sich der vorherrschenden Lebensart anzupassen hätten. Doch gezielte staatliche oder gesellschaftliche Erziehungsprogramme blieben aus. Auch die Institution Schule zwang die ausländischen Kinder nicht, sich zu Deutschen zu entwickeln. Die ausländischen Familien trafen auf ein Umfeld, das begann, sie nicht nur als billige Arbeitskräfte, sondern als Menschen anzusehen und ihre Leistungen zu respektieren. Hinzu kam, daß sich im Zusammenhang von Sanierungen in Kreuzberg eine spezifische Bevölkerungsstruktur entwickelte, die nach Alternativen zu etablierten Lebensmodellen suchte und Außenseitern wie auch Minderheiten eine besondere Chance eröffnete. In diesem Milieu wurden die kulturellen Eigenarten von Minderheiten als Bereicherung empfunden, als Steigerung der Lebensqualität.

Andersartigkeit war kein Makel, kein Stigma; eine Haltung, die noch für die 50er Jahre in Deutschland kaum vorstellbar gewesen wäre, einem Land mit einer starken Kontinuität der Ablehnung des Fremdartigen. Das Ideal nationaler Homogenität hatte im Bewußtsein der Deutschen in diesem Jahrhundert hohen Wert. Ein rigoroser Kurs gegenüber ethnischen Minderheiten wie den Polen und Elsässern vor dem Ersten Weltkrieg sowie eine mörderische Ausgrenzungspolitik des NS-Staates gegenüber Juden, Zigeunern und anderen Bevölkerungsgruppen hatten die Deutschen langfristig an die Diskriminierung von Minderheiten gewöhnt.

Die großstädtische Gesellschaft Kreuzbergs der 70er Jahre knüpfte in ihrer positiven Aufnahme ausländischer Familien an eine andere Vergangenheit an. Berlin hatte über mehrere Jahrhunderte hinweg auswärtige Bevölkerungsgruppen aufgenommen und integriert: Hugenotten, Juden, Holländer, Böhmen, Polen. Zeitweilig sprach jeder fünfte Berliner französisch. Die Qualität der Stadt beruhte – vor allem seit der Industrialisierung – gerade auch auf ihrem hohen Grad an Zuwanderern. Kreuzberg prägte nun in der zweiten Hälfte des 20. Jahrhunderts modellhaft eine neue alte Lebenskultur, die viele faszinierte und eine große Integrationskraft aufwies. Welche Chancen sich Minderheiten in dieser offenen Gesellschaft eröffneten, zeigt bereits indirekt die Momentaufnahme eines Kreuzberger Schulhofs.

Wegen des hohen Anteils türkischer Kinder besuchen die meisten von ihnen rein türkische Klassen, die, wie die anderen gemischten Klassen, nach deutschem Rahmenplan unterrichtet werden. Im Idealfall führen dann die Elternabende der gemischten Klassen die unterschiedlichen Nationalitäten zusammen. Die Institution schafft den äußeren Rahmen für eine Zusammenkunft, die andernfalls so noch nicht stattfinden könnte. Auf einem dieser Abende kann es geschehen, daß sich ein deutschstämmiger Vater aus Polen einfindet und ganz allein hinsetzt, sichtbarer Ausdruck seines schwierigen Starts in neuer Umgebung. Ihm gegenüber sitzt dann vielleicht ein türkischer Vater in gleicher Vereinzelung, obgleich er bereits über ein Jahrzehnt in Berlin zu Hause ist. Währenddessen hat sich eine jugoslawische Mutter, von der niemand weiß, ob sie vielleicht aus Kroatien stammt, zu türkischen Müttern gesetzt, um sich nicht ganz allein fühlen zu müssen. Diese wiederum kennen die Situation, eine Minderheit zu bilden, haben ein Zusammengehörigkeitsgefühl ausgebildet und nehmen sie solidarisch auf.

Die deutschen Eltern haben sich zielsicher gesondert gesetzt, packen ihre Zigaretten aus, rauchen und unterhalten sich. Gemeinsamkeiten sind nicht leicht zu erkennen. Die verschiedenen Gruppen haben sich kaum etwas zu sagen. Aus dem gemeinsamen Elternabend erwächst keineswegs von sich aus schon Integration. Unterschiedliche Lebensstile und verschiedene Herkunft sind prägend. So hat die deutsche Mutter dem Lehrer bereits früher zu verstehen gegeben, daß ihr Kind in der Klasse nicht neben dem aus Polen kommenden Kind sitzen soll, von dem sie gehört hat, es lebe in dem Übergangsquartier in der Zeughofstraße. Überhaupt wirken die Eltern vereinzelt und einander fremd.

Die Zusammenarbeit zwischen den Eltern und den Lehrern läßt zu wünschen übrig. Es gibt engagierte Kollegen, die über sich hinauswachsen und nur für ihre Schüler da sind. Die Regel aber ist, daß das Tagespensum sehr belastet. Die Schule stellt die Lehrer ständig vor Extremsituationen und verlangt ihnen viel Kraft ab. Einen Eindruck von der Lage vermittelt die Tatsache, daß ein zentraler Eingang der Schule für Schüler und Lehrer gesperrt wurde, weil Schulkinder die Anwohner mit Steinen beworfen hatten. Viele Lehrer haben dann einfach nicht mehr die Kraft – oder es fehlt ihnen die Lust –, um den Kontakt mit den Eltern zu suchen. Alles hält man sich dann fern, wider besseres Wissen, nur um den Alltag zu überleben. Und dennoch – wirklich durchschlagend sind diese Defizite nicht. Zugewandtheit und Sympathie mit den Kindern überwiegen. Kinder spüren ganz genau, ob sie von Lehrkräften akzeptiert werden oder nicht. Und ausländische Kinder registrieren besonders, ob der Institution etwas an ihnen liegt oder nicht.

Bei Hausbesuchen ausländischer Familien spürt man als Lehrer, welche Zufriedenheit die Eltern darüber zeigen, daß die Schule ihre Kinder mit offenen Armen aufnimmt und nicht gleichgültig behandelt oder ausgrenzt. Sie sehen ihre Kinder gut aufgehoben und sind einfach dankbar, daß man sich um sie kümmert. Nichts hat sie bisher davon abbringen können, hohe, oft auch illusionäre Erwartungen an das deutsche Bildungssystem zu stellen, allerdings in höherem Maß für Jungen als für Mädchen. Unvergeßlich für Lehrer ist, in welch wunderbarer Weise man von ausländischen Familien empfangen wird. Für Stunden gehört man zur Familie. Bei dieser Gelegenheit werden auch die Verwandten an- bzw. herbeigerufen – der Lehrer ist eine Respektperson! –, man wird auf das Sofa gesetzt, Tee, Oliven, Brot, Schafskäse, alles, was man finden kann, wird serviert zum Zeichen der Wertschätzung des Gastes. Es ist eine besondere Erfahrung für deutsche Lehrer, daß die Zuwendung im Unterricht auf so viel Gegenliebe stößt. Hier entsteht für Stunden ein Raum, in dem sich deutsche Lehrer und ausländische Familien vertrauensvoll einander öffnen. Was hier gesprochen wird, hat Gewicht; die langfristigen Auswirkungen solcher Gespräche sind kaum zu überschätzen. Auf das Verhalten der Kinder wirken diese Kontakte Wunder. Für die Schüler ist es wichtig, daß man sich regelmäßig im Unterricht über ihr Wohlergehen in der Familie erkundigt. Sie sind besonders ansprechbar, wenn die Schule darauf verzichtet, preußische Tugenden wie Nüchternheit, Pflichterfüllung und Pünktlichkeit in den Vordergrund zu stellen. Sie tragen damit einen familiären Akzent in die Schule hinein und lernen nicht aus Respekt, sondern aus Liebe zum Lehrer.

Im Selbstverständnis der türkischen Eltern hat sich ein nachhaltiger Wandel vollzogen. Früher machte man bei Hausbesuchen die Erfahrung, daß viele gleichsam noch aus den Koffern heraus lebten, immer auf dem Sprung zurück in die Türkei. Von dieser Einstellung ist nicht viel geblieben, lediglich eine Sehnsucht nach alten Zeiten, eine Verklärung der Vergangenheit. Viele sind nicht mehr bereit, Abstriche an ihrem Lebensstandard zuzulassen. Sie haben sich an die soziale Sicherheit gewöhnt und investieren jetzt in ihre Berliner Existenz. Die Türkei ist nicht länger das Ziel ihrer Anstrengungen, sondern das Land, das sie im Urlaub besuchen. Längst hat sich der türkische Mittelstand differenziert. Neben Restaurant, Lebensmittelgeschäft und Änderungsschneiderei sind Glaserei, Metzgerei, Reisebüro, Im- und Export, Juwelier- und Kreditgeschäft, sowie Galeristen, Ärzte und Theaterleute getreten. Es ist absehbar, daß Türken immer mehr auf einen sozialen Aufstieg über Bildung setzen werden. Erkennbar wird dies bereits, wenn sie ihre Kinder leistungsbewußt aus reinen türkischen Klassen in andere Schulen in gemischte Klassen ummelden, um die Chancen ihrer Kinder zu verbessern.

Im Zusammenhang der deutschen Vereinigung sind allerdings in vielen ausländischen Familien Befürchtungen entstanden, Kreuzberg könne seinen Charakter verändern. Sie haben das Gefühl, in Berlin entstehe ein Klima, das die Stärkeren begünstige und die Schwachen – dazu rechnen sie Menschen ausländischer Herkunft – benachteilige. Vor allem assimilierte Angehörige von Minderheiten muß irritieren, plötzlich wieder als Ausländer, als Fremde wahrgenommen zu werden. Sie sind sich selbst nicht mehr so sicher und beginnen, ihre Lage zu reflektieren, die sie bis dahin als selbstverständlich und gegeben angesehen haben. Sie nehmen wahr, daß es offenbar viele Deutsche gibt, die Ausländer nicht wünschen, und fühlen sich gefährdet, selbst wenn sie persönlich nicht bedroht wurden. Ausflüge türkischer Klassen nach Ostberlin gleichen in der Übergangszeit deutscher Wiedervereinigung Besuchen in Feindesland: Manche Kinder haben sich heimlich mit Messern und Tränengas ausgerüstet. Solche Gefühle tiefer Verunsicherung sind neu. Angehörige von Minderheiten haben feinfühligere Antennen für Veränderungen in der Stimmungslage und spüren eher, ob die Vision einer multikulturellen Gesellschaft in ein Negativbild umschlagen könnte.

Eltern, die den Klassenlehrer ihres Kindes in der Schule sprechen wollen, versuchen es gern auf direktem Wege: Sie sprechen im Lehrerzimmer vor. Wer unvermittelt dort eintritt, wird bemerken können, daß türkische Lehrkräfte zum Bild des Kollegiums dazugehören. Hier wird mit Selbstverständlichkeit türkisch und deutsch gesprochen; Zweisprachigkeit im Lehrerzimmer ist Alltag. Man sitzt in kleineren Gruppen, meist aber getrennt in einen türkisch und einen deutsch sprechenden Teil. Türkisch sprechende deutsche Lehrer sind die Ausnahme. Wenn man von Lehrern dieser Schule annähme, sie lernten in der Ausbildung oder im Berufsleben Grundkenntnisse der Sprache, die die meisten Kinder der Schule als Muttersprache sprechen, ginge man an der Realität vorbei. Nur ganz wenige Deutsche tragen mit Türkischkenntnissen den besonderen Arbeitsbedingungen Rechnung. Auffällig ist, daß kaum jemand die für Unterricht in reinen Ausländerklassen zur Weiterbildung gewährten Ermäßigungsstunden für den Erwerb von Grundkenntnissen in Türkisch, Kurdisch oder anderen Sprachen nutzt.

Als in den 70er Jahren der Anteil türkischer Schüler sprunghaft anstieg, fiel es den Schulbehörden schwer, angemessen zu reagieren. Über 300 türkische Lehrkräfte wurden in den Berliner

Schuldienst übernommen. Ein Drittel von ihnen kam nach Kreuzberg. Mittlerweile sind sie zwanzig Jahre im Dienst. Für die ersten Generationen türkischer Schüler waren diese Lehrer lebensnotwendig, eine unschätzbare Stütze in den ersten Momenten der Orientierung. Während die deutschen Lehrer mit der Situation völlig überfordert waren – die ältere Generation unter ihnen war zunächst wie vor den Kopf geschlagen, weil sie sich noch an einem anderen Gesellschaftsbegriff orientierte –, leisteten türkische Lehrer einen bemerkenswerten Integrationsbeitrag. Sie sind bis heute unentbehrlich.

Der plötzlich mit den türkischen Kindern auftretende zusätzliche Unterrichtsbedarf in Kreuzberg wurde allerdings überwiegend durch Neueinstellung junger deutscher Lehrer gedeckt. Es handelte sich um eine Generation, die innovative Ideen für eine gemeinsame Schule von deutschen und ausländischen Kindern entwickelte und durchzusetzen begann. Schwierigkeiten schreckten nicht ab, wirkten vielmehr herausfordernd und motivierend. Man glaubte, daß die Schule der Muttersprache eines jeden Kindes einen besonderen Stellenwert einräumen müsse, um nationalen Minderheiten gerecht zu werden und das Erlernen der deutschen Sprache auf eine tragfähige Grundlage zu stellen. Keine Konferenz, kein dienstliches oder gewerkschaftliches Treffen, wo man nicht Strategien zur Beschulung ausländischer Schüler erörterte. Eine ganze Generation von Pädagogen wurde zu Anwälten der Minderheiten. Zwischen deutschen und türkischen Lehrern hatte dies ein starkes Zusammengehörigkeitsgefühl zur Folge.

Doch es gab Grenzen der Gemeinsamkeit. Eine besondere Schulsituation erforderte besondere Unterrichtsformen, die in Modellversuchen erprobt werden sollten. Kooperation wurde erforderlich und zwischen deutschen und türkischen Lehrkräften stundenplantechnisch verankert. Einfach ließ sich Gemeinsamkeit aber nicht organisieren. Zusammenarbeit war viel schwerer, als man es sich vorgestellt hatte, zu verschieden waren Mentalität und Unterrichtsstil. Türkische Lehrer lieben es, in den Pausen im Lehrerzimmer in aller Ruhe Tee zu trinken, und neigen mit der Zeit dazu, sich nur noch in der Muttersprache zu verständigen, weil sie damit gedanklich schneller ans Ziel kommen. Deutsche bleiben ebenfalls gerne unter sich, wirken hastiger, nicht so gruppenbetont; mitunter hält man sich überhaupt nur im eigenen Klassenraum auf.

Als besonders belastend für das Verhältnis beider Lehrergruppen wirkte sich aus, daß die Einsatzmöglichkeiten türkischer Lehrkräfte nach 20 Jahren wieder erheblich eingeschränkt wurden. Die Schulverwaltung begründete dies mit fehlender gleichwertiger Ausbildung. Die Folge war und ist, daß türkische Lehrkräfte mit fragwürdigen Stundenplänen versehen werden und keine Klassenlehrer mehr sein dürfen. Sie haben den Eindruck, um Stunden betteln zu müssen und zu Lehrern zweiter Klasse gemacht zu werden. Dies verbittert nach zwanzig Jahren im Berliner Schuldienst sowie zahlreichen Fort- und Weiterbildungskursen. Einige werden damit nicht fertig, verlieren ihr Selbstwertgefühl und werden dauerhaft krank. Gerade haben sie eine neue Identität gefunden; doch ihre Wurzeln haben sie nicht hier, so daß sie eine solche Entwicklung völlig aus der Bahn werfen kann.

Opferfest: islamischer Feiertag. Moslemische Kinder haben schulfrei. Viele Klassenräume bleiben leer, in die anderen haben sich nur wenige Kinder eingefunden. Die Stille in den Gebäuden und auf dem Schulhof ist frappierend. Hier, wo Lärm, Unruhe und Dynamik die Vormittage bestimmen, werden plötzlich die Besonderheiten der Schule greifbar. Der alltägliche Alpdruck wird freigelegt. Äußerste Angespanntheit, nie endende Unruhe, pausenlose Rivalitäten, eine allen zusetzende Roheit, die herbeigesehnte, sich aber nicht einstellende Geborgenheit – die offenbar unabdingbaren Vorzeichen eines Ortes, an dem sich verschiedene Kulturen begegnen. Manchen Kindern entfährt unwillkürlich ein Stoßseufzer der Dankbarkeit, einen Tag ohne türkische Schüler auskommen zu können. Sie meinen damit nicht ausländische Kinder generell: Diese sitzen ja doch auch an diesem Tag als Schüler afrikanischer, arabischer, griechischer, kroatischer oder deutsch-polnischer Herkunft neben ihnen im Klassenraum. Was sie meinen und was als Nachhall noch in ihren Köpfen weiterwirkt, ist der extreme Druck, der in der Schule beständig auf ihnen lastet und ihnen pausenlos zusetzt. Ihre Stoßseufzer offenbaren den hohen Preis, den die Kinder persönlich für den Vollzug von Integration zu zahlen haben. Im schulischen Mikrokosmos einer multikulturellen Gesellschaft gibt es für die Beteiligten keine Atempausen, keine Rückzugsmöglichkeiten, keine Deckung. Nur aus der Ferne ist Integration etwas Wunderbares, eine Zauberformel; tatsächlich ist sie in dem verdichteten Feld dieser Schule eine andauernde, existentielle Herausforderung.

Die Schulpflicht zwingt Kinder verschiedener ethnischer Bevölkerungsgruppen zusammen. Sie läßt ihnen keine andere Wahl, als aus dem Lebenshorizont ihrer Herkunftsländer herauszutreten; zwingt bäuerliche Familien aus anatolischen Bergen, ländliche Familien aus kleinen polnischen Orten oder Flüchtlinge aus vom Krieg betroffenen arabischen Städten, ihre Kinder einer gemeinsamen, großstädtischen Schule auszusetzen. Ihnen fällt es nicht leicht, ihre Kinder den überschaubaren familiären Zusammenhang verlassen zu sehen. Sie wissen, daß die Schule die Kinder mit anderen Wertvorstellungen und Lebensmodellen konfrontiert. Die damit verbundene Herausforderung ihrer ursprünglichen Identität verspüren sie als Veränderungsdruck, dem sie sich kaum entziehen können.

Das Zusammentreffen verschiedener Kulturkreise kompliziert die Bedingungen der Schule erheblich, eine für viele Kinder kaum mehr zu verkraftende Situation. Die Stillen, die Empfindlichen, die Schwachen, die Langsamen, die Einsamen, wer vermag abzusehen, wie es in ihrem Innern aussieht, in welcher Welt diese Kinder leben? Es zeigt sich, daß ihre Lebens- und Wohnsituation keine guten Voraussetzungen bietet, mit Schwierigkeiten umzugehen. Ihre Eltern arbeiten viel, oft sind sie beide berufstätig. Schicht- und Nachtdienste bilden keine Ausnahme. An der Bereitschaft, sich um die Kinder zu kümmern, fehlt es nicht, aber an den Gelegenheiten, Zuwendungen zu zeigen. Die Wohnungen sind für die vielen Familienmitglieder zu klein, zu eng; auf den Straßen fehlt es an Entfaltungsmöglichkeiten. Die älteren Kinder werden früh daran gewöhnt, die jüngeren verantwortlich zu versorgen. Video- und tragbare Unterhaltungstechnik kann für diese Defizite kein Ausgleich sein.

Täglich führt der Unterricht zu verwickelten, zugespitzten Konflikten, deren Knoten schier unentwirrbar sind. Hilfen für die betroffenen Kinder sollten eigentlich keinen Aufschub dulden, doch enttäuscht machen sie immer wieder die Erfahrung, daß Lehrer und Erwachsene nicht helfen können. Nur wer stark genug ist, sich selbst zu helfen, hat anscheinend eine Chance. Ein Gefühl der Hilflosigkeit stellt sich ein. Jeden Tag, schon bei Kleinigkeiten, kommt es zu Gewaltausbrüchen oder zu schlimmen Beleidigungen, vor allem der abwesenden Eltern, weil ausländische Kinder – alle wissen das aus Erfahrung – damit am meisten verletzbar sind. Andere zu schockieren, bis zur Weißglut zu reizen, zum Zittern zu bringen und zu entwürdigen, stellt oft die letzte Möglichkeit dar, sich zu behaupten und ein Selbstwertgefühl zu bewahren.

Beleidigungen oder Schläge werden durchaus als verwerflich begriffen – die Erwachsenenwelt arbeitet ja pädagogisch beständig in diese Richtung –, aber für Kinder, die täglich mit dem Rücken zur Wand stehen, haben sie eine starke Verführungskraft. Von Gewalt in Worten oder Taten hält man theoretisch nicht viel, macht aber die Erfahrung, daß mit ihr viel zu erreichen ist, und gibt sich oft nicht eher zufrieden, bis sich andere empfindlich verletzt zeigen. Doch die harte Realität verblaßt, wenn man sich den Chancen dieser Schule nicht verschließt. Indem sie verschiedene Minderheiten zusammenführt, bringt die Schule auch eine Fülle von Situationen hervor, die die Erfahrung von Überforderung und Enttäuschung überlagern und andere Lebensperspektiven eröffnen.

Sichtbar macht dies z. B. das türkische Kind, das ein behindertes deutsches Kind, mit fürsorglichem Blick fest an die Hand nehmend, jeden Tag zur Schule bringt. Beide Kinder repräsentieren Minderheiten, für die es naheliegend ist, sich zu helfen, und die fühlen, was andere Hilfsbedürftige dringend benötigen. Hierin liegt das eigentliche Potential dieser Schule. Angehörige von Minderheiten können bestärkt werden, sich gegenseitig zu helfen, weil Solidarität zu den Grundbedürfnissen ihrer Existenz gehört. Eine Schule, die so viele, auf unterschiedliche Weise Benachteiligte versammelt, scheint wie geschaffen, Toleranz und

Rücksichtnahme zu fördern und zu instrumentalisieren. Sie vermag Angehörigen von Minderheiten das Gefühl zu geben, nicht nur als Individuen, sondern als Minderheitengruppe von der Mehrheitsgesellschaft akzeptiert zu werden.

Die erste Generation türkischer Kinder – vor allem die Jungen – hatte noch den Traum ihrer Eltern geträumt, als Ärzte, Ingenieure und Rechtsanwälte in die Türkei zurückzukehren und es in ein modernes, blühendes Land zu verwandeln. Ihre Eltern wußten um die Begrenztheit ihres heimatlichen Bildungswesens und glaubten an die Chance, den Kindern in Deutschland eine ausgezeichnete Ausbildung als Vorbereitung für ihre Rückkehr zukommen zu lassen. Dieser Traum konnte sich angesichts der Wirklichkeit nicht erfüllen. Längst haben sie und die bereits in Berlin Geborenen eine tiefgreifende Umorientierung vollzogen. Mehr und mehr identifizieren sie sich mit der großstädtischen Umgebung und sehen hier ihre Zukunft. Gewiß, den Kindern ist immer noch, besonders in der Gruppe, eine gewisse Unselbständigkeit anzusehen. Sie haben nicht gelernt, von kleinauf selbstverantwortlich zu leben; ihre Eltern sind gewöhnt, sie extrem zu umsorgen, weil sie noch nicht sehen, wie wichtig es ist, den eigenen Kopf im Leben zu benutzen.

Nichts spricht aber dagegen, daß diese Kinder eines Tages Berlin als ihre Heimat ansehen werden. Die Großstadt übt Druck auf alte Bindungen aus und löst traditionelle Strukturen auf. Die Suche nach einem neuen Selbstverständnis ist nicht die Folge verordneter Lebensumstände, sondern das Ergebnis dieser Druck- und Anziehungskraft von Großstadtkultur. Assimilierung bedeutet aber nicht notwendig Preisgabe einer Identität, sie kann ein Zugewinn an Lebensqualität sein. Auch türkischen Mädchen kann man bei Hausbesuchen die Suche nach einer neuen Orientierung anmerken. Sie sitzen dann oft zusammen auf dem Fußboden, stickend, scheinbar fest im Zusammenhang ihrer Familie. Doch tastend und neugierig stellen sie Fragen nach den privaten Lebensumständen ihrer Lehrerin, wollen wissen, was deren Töchter machen, warum sie studieren. Vorsichtig versuchen sie, den tradierten Horizont zu überschreiten. Manche von ihnen werden an anderen Tagen, in traditioneller Weise gekleidet und verhüllt, ihr Elternhaus verlassen, sich heimlich modern kleiden, schminken und für Stunden in eine andere Welt eintauchen.

Begegnet man ehemaligen ausländischen Schülern in der Markthalle, im Reisebüro, im Konsulat oder im Café, sind sie überraschend positiv auf die Schulzeit ansprechbar. Es ist kaum glaublich, wie Zuwendung noch nach Jahren vergolten wird. Tausendfach, so scheint es, geben Minderheiten zurück, was ihnen Gutes entgegengebracht wird. Die Erinnerung dieser ehemaligen Schüler verklärt die Schule zu einer positiven Realität. Die Institution erscheint im Rückblick menschlicher, offener und zugewandter, als sie es in Wirklichkeit sein konnte, weil sie – und nicht die Eltern – ihnen half, sich in der modernen Welt zurechtzufinden. Dankbar registrieren sie die Starthilfe, die sie bei der Suche nach einem neuen Selbstverständnis erhielten, und wollen zeigen, was aus ihnen geworden ist.

Nachbarschaften

Frauke Meyer-Gosau

Kopftuch und Pilotenschein. Aysel Koc in Berlin

Eine Szene aus dem Berlin des Jahres 1992. Es ist ein warmer, sonniger Tag. In einer schmalen Straße in Schöneberg fährt ein weißer Mercedes vor. Ihm entsteigt eine junge Frau mit knöchellangem Mantel und üppig besticktem Kopftuch. Sie bleibt neben dem in zweiter Reihe geparkten Wagen stehen, offenbar wartet sie auf jemanden.

Am Straßenrand zwei junge Männer, Bierdosen in der Hand, Jeansjacken. „Das ist 'n Mercedes", sagt der eine. „Nee, 'n Daimler-Benz", entgegnet der andere. Beide wenden sich an die junge Türkin: „Also, sagen Sie uns, was das ist!" Aysel Koc, 20 Jahre alt, staatlich geprüfte Kinderpflegerin, die hier, vor ihrer ehemaligen Schule, eine Freundin abholen will, antwortet diplomatisch: „Es ist beides". Die Antwort ermuntert die beiden Frager zu weiteren Nachforschungen. Ob es ihr nicht zu warm sei, so in Kopftuch und langem Gewand? Ob sie verheiratet sei und sich deswegen so verhüllen müsse? Wozu die religiösen Gebote gut seien, die solches von ihr verlangen? „Wir sind aus dem Osten", fügen sie schließlich erklärend hinzu: „Wir kennen das alles nicht, darum fragen wir." Sie erhalten einen Grundkurs über die Lebensgrundsätze gläubiger moslemischer Frauen, freundlich und kompetent. „Und dann habe ich sie gefragt, wie es ihnen hier gefällt. Sie sagten: ‚Wir haben keine Arbeit, und die Ausländer haben Arbeit.' ‚Ja', habe ich geantwortet, ‚die Ostler wollen ja auch nicht jede Arbeit machen und manche Westler auch nicht. Die sitzen zu Hause herum und sagen sich, ach, ich hab' ja mein Arbeitslosengeld. Die Türken sind nicht so. Die sind fleißig, die wollen Geld verdienen und sparen!' Da waren die schockiert. Sie hatten wahrscheinlich sowieso nicht erwartet, daß ich mich auf Deutsch mit ihnen unterhalten kann."

Das aber ist ihr wahrlich kein Problem, ihr Deutsch ist akzentfrei und fast ohne Fehler. Aysel, die 1974 im Alter von 2 1/2 Jahren mit der Mutter, dem wenig älteren Bruder und der jüngeren Schwester aus einer kleinen Stadt in der Ost-Türkei zum Vater nach Berlin kam, hat die deutsche Sprache hier von den anderen Kindern auf der Straße gelernt. An Sprachprobleme kann sie sich, die Türkisch ebenfalls ohne Akzent beherrscht und Kurdisch wenigstens versteht, nicht erinnern: „Ich spreche ganz gut Türkisch. Vielen Kurden merkt man es sofort an, daß Türkisch nicht ihre Sprache ist, das ist bei mir nicht so. Und wenn ich zum Beispiel mit Ämtern telephonieren muß und die am Schluß meinen Namen wissen wollen, sagen sie: ‚Was? Sie sind Ausländerin?'" Als solche hat sie sich in Berlin nie diskriminiert gefühlt. „Ich hatte mit Deutschen eigentlich keine Probleme, abgesehen von so kleinen Sachen, die immer mal passieren. Ich hatte eher mit türkischen Freundinnen Probleme, weil ich Kurdin bin." Eine gute Freundin begann beinahe zu weinen und wollte sie sogar ohrfeigen, als sie nach zehn gemeinsamen Schuljahren erfuhr, daß Aysel keine Türkin war wie sie – „sie dachte, ich mache einen blöden Witz, um sie zu ärgern". Die Hintergründe der Ressentiments versteht die junge Frau hier so wenig wie bei der nun immer offenkundiger werdenden Ausländerfeindlichkeit der Deutschen. Nationale oder gar nationalistische Stereotypen sagen ihr nichts, den „typischen Deutschen", „den Türken" oder „die Kurdin" gibt es für sie nicht.

Das mag auch damit zusammenhängen, daß die kurdische Türkin aus Berlin-Kreuzberg nur ein Unterscheidungskriterium von Gewicht und Bedeutung kennt: die Religion. Sie bestimmt ihren Tageslauf, ihre Freundschaften, ihre Freizeit und ganz gewiß ihre Zukunft: „Wenn ich heirate, ist das Wichtigste, daß er ein Moslem ist – das könnte auch ein Deutscher sein. Hauptsache, wir haben dieselbe Religion".

Jetzt, da Aysel ihre Berufsausbildung mit dem Anerkennungsjahr (und einem erstklassigen Zeugnis) abgeschlossen hat und auf den Beginn der nächsten Ausbildungsstufe ein halbes Jahr warten muß, beginnt der Tag mit der Fahrt zum Koranlehrer. Erst, wenn einige Verse gelesen und besprochen worden sind, setzt sie sich zu Hause zum Frühstück. Danach tritt sie in den Dienst der Familie: Mutter und Tante müssen zu Ärzten und Ämtern chauffiert, für den Bruder, der sich mit einer Heizungsinstallations-Firma selbständig gemacht hat, die Büroarbeiten erledigt werden; dazwischen, fünfmal am Tag, die rituellen Gebete.

Schon als Schulkind geriet Aysel wegen ihrer Religionsausübung mit den deutschen Lehrern in Konflikt. In der dritten Klasse begann sie, auf eigenen Wunsch, wie ihre türkischen Mitschülerinnen das Kopftuch zu tragen. Das war in der Grundschule kein Problem, aber in der Realschule, drei Jahre später, war es nicht erwünscht. „Mein Vater ist dann vor Gericht gegangen und hat recht bekommen. Das ist ja schließlich eine Demokratie hier, nicht? Die Lehrer mußten sich damit abfinden. Danach gab es das Problem nicht mehr".

Erst fünf Wochen nach Schuljahresanfang in die Realschule eingeschult, da die Familie ihren alljährlichen Türkei-Urlaub in Ruhe beenden wollte, schaffte Aysel das Probehalbjahr nicht, verschliß sich auch wohl, stets kampfbereit, in der Auseinandersetzung um ihre religiösen Rechte. Das bedeutete Hauptschule. „Da war es mir zu langweilig, ich war stinkfaul. Mein Lehrer wollte mich wohl motivieren, er sagte immer: ‚Ach, wenn du bloß etwas tun würdest – aber du tust eben nichts. Aysel, aus dir wird nichts!'" Entsprechend mäßig fiel das Abgangszeugnis aus. „Das Beste an der Hauptschule war das Abschiedsfest", befindet Aysel ironisch im Rückblick.

Dennoch war klar, daß sie sich weiterqualifizieren würde. Sie hatte sich um einen Platz an einem Oberstufenzentrum für kaufmännische Berufe bemüht – „ich wollte viel mit Mathematik zu tun haben" –, gleichzeitig aber auch auf Anraten einer Lehrerin eine Bewerbung für die Kinderpflegerinnen-Ausbildung geschrieben. Als sie dort angenommen wurde, entschied sie sich für die Berufsfachschule. „Ich sagte mir, da habe ich am Ende wenigstens einen Beruf. Später kann ich dann immer noch was anderes machen".

So wenig typisch Aysels strikte Religiosität unter türkischen Mädchen ihrer Altersgruppe in der deutschen Metropole ist, so unüblich ist auch die Selbstverständlichkeit, mit der sie sich auf lange Ausbildungszeiten einrichtet – unterstützt von den Eltern. Während die jüngere Schwester nach dem Abschluß der Realschule, der ihr zweifellos den Zugang zu weiterführenden Ausbildungen erleichtern würde, immer noch keinen Ausbildungsplatz gefunden hat, an dem ihr das Kopftuchtragen erlaubt wäre, hat Aysel konkrete Pläne, die sie auch umsetzt: Zunächst will sie, auf einer privaten Abendschule, das Abitur machen, dann studieren – wenn sie es schafft, Jura, sonst Sozialpädagogik. „Die meisten türkischen Mädchen heiraten ganz früh, das ist so üblich. Ich habe viele Freundinnen, die schon zwei oder drei Kinder haben, und die staunen, daß ich noch zu Hause bin. Sie sagen zu mir: ‚Willst du nicht heiraten? Heiraten ist doch was Schönes!' Aber ich sehe doch, was die traditionellen türkischen Frauen für Probleme haben. Sie haben keine Berufsausbildung und müssen bei ihrem Mann um's Geld betteln". Ihr Vorbild sind die strenggläubigen jungen Frauen aus ihrem Verwandten- und Bekanntenkreis, die zunächst ihr Studium abschließen und dann heiraten. So sieht auch Aysel ihre Zukunft: als Akademikerin mit deutschem Abschluß, verheiratet mit einem qualifizierten Moslem, Mutter von vier Kindern, womöglich in einer mittelgroßen Stadt in der Türkei lebend, berufstätig und gesellschaftlich engagiert. Sie könnte sich gut vorstellen, dort eine Gruppe mit einem ähnlichen Hilfs- und Beratungsangebot ins Leben zu rufen wie die „Selbsthilfestelle für Berliner Mädchen und Frauen" in Kreuzberg, in der sie regelmäßig mitarbeitet.

Wie in fast allen Aspekten ihres gegenwärtigen Lebens gehen charakteristische Züge der orientalischen und der westlichen Welt auch in Aysel Koc's Zukunftswünschen eine Vermischung ein. So hält sie es für denkbar, daß in ihrem Streben nach hoher beruflicher Qualifikation sich die Werte der deutschen Lebensumgebung geltend machen, verweist jedoch zugleich auf den Koran, der den Frauen ein selbständiges Leben und Arbeiten auch neben der Familie durchaus zugesteht. Allein das Beispiel ihrer Kusine, die in Westdeutschland Sozialpädagogik studiert und mit Aysels Bruder verlobt ist, scheint ihr da recht zu geben – eine Heirat kommt erst nach der Beendigung des Studiums in Frage, die angeeigneten theoretischen Kenntnisse sollen natürlich in der Berufspraxis auch angewendet werden. Er, der gut verdienende Handwerker mit eigenem Betrieb, in dem ein Türke, ein Serbe und ein Deutscher als seine Angestellten arbeiten, ist allerdings der einzige aus der Familie, der nicht davon träumt, in die Türkei zurückzukehren. Die Motive für diesen Traum sind dabei durchaus unterschiedlich: Der Vater, ein gelernter Maurer, ist nach einem zwanzigjährigen Arbeitsleben in Berlin als Maschinenführer in einer Schokoladen-, dann einer Plastikfabrik, nun seit fast zwei Jahren arbeitslos. Er hat die Rückkehr gezielt vorbereitet, Wohnungen, ein Grundstück und einen kleinen Laden in der Türkei gekauft. Nach der Heirat des Sohnes soll dort der Ruhestand beginnen.

Aysels Mutter wiederum ist Hauswartin in dem Mietshaus, in dem die Kocs leben, jahrelang war sie zudem als Tagesmutter beschäftigt. Fast nur von türkischen Freunden und Bekannten umgeben, ist sie des Deutschen auch nach nunmehr fast zwanzig Jahren kaum mächtig. Für sie bedeutet die Rückkehr ein Leben in eine Gesellschaft, die ihre Sprache spricht, in der sie mit dem, was sie und ihr Mann sich erarbeitet haben, ohne materielle Sorgen und weitere physische Anstrengungen werden leben können: in einer schönen Wohnung in Bursa, an der Mittelmeerküste bei Izmir. Wie ihre Schwester stellt auch Aysel sich ein mögliches Leben in der Türkei vor. Ihre Gründe für diesen Wunsch freilich umschreibt sie zunächst nur: „Ich bin Kurdin, Türkin, ich bin in der Türkei geboren und kenne sie doch kaum. Ich kann mich zum Beispiel nicht erinnern, wie es dort im Winter ist – das kenne ich nur aus Filmen. Ich weiß, daß es einigermaßen schwer ist, in der Türkei zu leben und dort sein Geld zu verdienen, aber ich denke eben, daß ich ein Teil der Türkei bin, und deshalb sollte ich dort leben. Wenn ich dann sehe, daß ich es nicht schaffe, komme ich wieder hierher zurück, aber ich denke doch, daß es mir gelingen wird".

Die Türkei – für die Zwanzigjährige ein Phantasma, Wunschbild und Gelobtes Land, von dem Aysel natürlich weiß und gar nicht abstreitet, daß sie es, zumal als Kurdin und fundamentalistische Muselmanin, dort nicht leicht haben wird. Von dem sie Geschichten erzählt, die wie selbstverständlich von der Belästigung, der Vergewaltigung und auch Entführung von Frauen handeln. Und doch ist es das Land, in dem sie eine Heimat zu finden erwartet, für das sie sich selbst Mut zuspricht. „Manchmal trieze ich meinen Vater und sage zu ihm: ‚Weshalb sind wir eigentlich nicht in der Türkei aufgewachsen? Ich wäre so gern mit türkischen Kindern groß geworden!' Dann sagt er: ‚Wieso, du bist doch mit türkischen Kindern groß geworden. Was willst du denn noch mehr? Es ist doch hier genau wie in der Türkei!'" Welches „Mehr" sie für sich von der Türkei, einem Leben dort, erwartet, kann sie nicht sagen, aber in einigen eher beiseite gesprochenen Sätzen scheint es doch auf: „Wenn ich in die Türkei fahre, dann sagt man über uns, daß wir Ausländer sind, und wenn ich hier bin, sagt man das auch. Wir sind hier Ausländer, da sind wir auch Ausländer – wo sind wir denn überhaupt zu Hause? Ich weiß es nicht".

In einem kurdischen Dorf in Anatolien erschoß vor über dreißig Jahren Aysels Großvater einen Mann aus einer anderen Sippe. Nach jahrzehntelanger Haft kam er frei, vor acht Jahren starb er. Der Rückweg ins Dorf bleibt der Enkelin jedoch, wenigstens bis sie verheiratet ist, versperrt. „Die Wasser sind still, aber die Feinde ruhen nicht", sagt sie mit einem türkischen Sprichwort. Als verschenkte oder geraubte Braut könnte bzw. sollte sie, ginge es nach dem Willen der anderen Familie, das Versöhnungsgeschenk nach dem längst verjährten, verbüßten Mord abgeben.

Von hier, wo es erst seit kurzem Elektrizität gibt, machten sich die Kocs vor Jahrzehnten auf, in eine türkische Stadt zunächst, dann aber Tausende von Kilometern weiter nach Westen und Norden, in eine vollkommen andere Welt. An dieser teilnehmend als Arbeitskräfte, Schulkinder, Auszubildende, als Kollegen und Freunde, haben sie ihre eigene Welt noch einmal errichtet: als eine Enklave, eine Sicherheitszone im Fremden, in der ihre Feste gefeiert werden, ihre Sprachen und ihre Normen gelten – und die dennoch von der sie umgebenden Realität nicht vollkommen abgeschlossen ist: Schließlich ist der Vizepräsident der Islamischen Föderation in Berlin ein Deutscher – „weil er den Koran so gut auf Deutsch darstellen kann". Schließlich ist Aysel beispielsweise auch Mitglied einer „Dialoggruppe" der islamischen Gemeinde, die sich regelmäßig zu Gesprächen und Diskussionen mit Angehörigen anderer Religionen trifft.

Die beiden Welten berühren sich an ihren Rändern, immer dort, wo ihre Repräsentanten bewußt aufeinander zugehen und die jeweiligen Regeln und Gepflogenheiten respektieren. „Für mich gibt's keine Kneipe, keine Disko, ich habe noch nie geraucht oder Alkohol getrunken, das kommt für mich aus religiösen Gründen nicht in Frage", sagt Aysel. Die Mitschülerinnen und Arbeitskolleginnen haben das, nicht ohne die Muselmanin immer mal wieder auf die Probe zu stellen, letztlich akzeptiert, weil sich Aysel wiederum von ihren Vergnügungen, soweit sie ihr gestattet sind, nicht ausgeschlossen hat. Zwei Schulfreundinnen, Martina und Elke, haben andererseits auf manchen Kneipenbesuch mit der Schulklasse verzichtet, sind statt dessen mit Aysel durch den Park spaziert um zu schwatzen. Auch nach dem Abschluß der Schulzeit treffen sich die drei noch in unregelmäßigen Abständen, mal bei der einen, mal bei der anderen zu Hause; dann essen sie, trinken Tee und reden. Hernach schließt sich der je eigene Kreis wieder um die jungen Frauen. In der „Henna-Nacht" aber zum Beispiel, der Nacht vor der Hochzeit eines türkischen Mädchens, wo die Frauen und Mädchen tanzen, daß „die Decke wackelt", könnten auch Martina und Elke mit dabei sein – einzige Voraussetzungen: Aufgeschlossenheit, Toleranz und – Spaß am Tanzen.

Von beiden Welten und ihren jeweiligen Eigenschaften hat Aysel selbst, wie sie jetzt mit Kopftuch, langem Kleid und hochhackigen Schuhen in ihr weißes Luxusgefährt steigt und davonbraust – verfolgt, wer weiß, wie schon auf der Herfahrt, von einem jungen türkischen Verehrer, der an der nächsten Ampel kurz zur Ordnung gerufen werden muß –, von beiden Welten hat Aysel, deren nächstes Ziel nicht die Ehe, sondern das Abitur ist, ihr Teil, wie sie an beiden Anteil hat. „Ach ja", hatte sie vor dem Abschied noch gesagt, „und einen Pilotenschein möchte ich machen".

Daß sie das wirklich tut, ich kann es mir vorstellen.

Sabine Berloge

Niemand möchte immer fremd sein. Die Familie Emirler in Berlin

Türkin, Arbeiterin, 32 Jahre alt, fünf Kinder: Ayşe Emirler scheint, liest man diese Daten, allen Klischees über Gastarbeiterinnen in Deutschland zu entsprechen.

Aber die junge Frau in Shorts, die mich an einem heißen Sommernachmittag in ihrer hellen 4-Zimmerwohnung in Berlin-Friedenau begrüßt, kann darüber nur lachen. Entschieden, fröhlich und gelassen versorgt sie Mustafa, Ugur und Volkan, Drillinge, die jetzt vierzehn Monate alt sind und in den nächsten Tagen ihre Eingewöhnungsphase in der Kindertagesstätte beginnen werden. Währenddessen deckt die Älteste, die vierzehnjährige Tuna, den Kaffeetisch. Yasemin, sieben Jahre alt, zeigt mir lieber ihren Schreibtisch und führt mich dann stolz in das Zimmer der Babys, in dem drei kleine Himmelbetten nebeneinander aufgereiht sind: ein Bild wie aus einem Zwergenmärchen.

Schließlich setzt sich Herr Emirler zu uns, und während die Drillingsjungen mit wechselndem Erfolg versuchen, den Tisch leerzuräumen, erzählt Frau Emirler von den Anfängen ihres Lebens in Deutschland.

Damals, als sie 1972 im Alter von dreizehn Jahren nach Berlin kam, konnte sie sich eine so zufriedene und heitere Zukunft in diesem fremden Land nicht vorstellen. Im Gegenteil: Sie hatte sich mit Händen und Füßen dagegen gewehrt, die Türkei zu verlassen, sprach kein Wort Deutsch und fühlte sich todunglücklich. Ihre Eltern waren schon lange zuvor nach Deutschland gegangen – nur für ein Jahr, wie sie anfangs beteuerten, dann kämen sie zurück. Die drei Kinder blieben bei Verwandten, warteten zunächst noch auf die Eltern, gaben die Hoffnung dann aber irgendwann auf, als diese ihre Rückkehr Jahr für Jahr verschoben.

Als sie dann eines Tages doch wieder in ihrem Heimatdorf am Schwarzen Meer auftauchten, in dem sie bis zu ihrer Abreise nach Berlin, wie alle übrigen Verwandten, als Bauern Mais und Tabak angebaut hatten, waren sie den Kindern fremd geworden. Ayşe mochte nicht mehr mit ihnen reden, versteckte sich gar vor ihnen. Die Verwirrung der Geschwister steigerte sich noch, als sie feststellten, daß sie nun ihre Sachen packen und mit den Eltern in die Bundesrepublik umziehen sollten.

Doch innerhalb weniger Stunden war es soweit: Herausgerissen aus dem bäuerlichen Dorfleben am Meer, fanden sie sich in einer Westberliner Mietwohnung wieder. Die dreizehnjährige Ayşe, die in die 7. Klasse einer Hauptschule eingeschult wurde, saß sprach- und ratlos vor der neuen Welt. Dem Unterricht konnte sie kaum folgen, und bis zu ihrem Schulabschluß lernte sie nur wenig Deutsch. Ein hoffnungsloser Fall, mögen ihre Lehrer sich gedacht haben: bei der Ankunft schon zu alt, um die Sprache noch gut lernen zu können, dazu ohne Hilfe durch die Eltern, ohne zusätzlichen Förderunterricht. Daß sie auch in all den folgenden Jahren nie einen Sprachkurs besucht hat, ist kaum zu glauben, denn heute spricht sie fließend Deutsch und ist eine eloquente und selbstbewußte Gesprächspartnerin.

Zu verdanken hat sie das, so erzählt sie, der deutschen Familie, in deren Betrieb sie nach der Schule begann, als Blumenbinderin zu arbeiten. Ihre Arbeitgeber nahmen sich ihrer an, korrigierten ihr Deutsch, halfen ihr dabei, ihren Wortschatz zu erweitern und sich in der deutschen Umgebung mit neuem Selbstbewußtsein zurechtzufinden. „Ich weiß nicht, ob ich es hier ohne diese Menschen und ihre Unterstützung geschafft hätte".

Dennoch gab es Rückschläge. So arbeitete sie später zunächst als Maschinenarbeiterin in der metallverarbeitenden Industrie. Als sie eines Tages krank wurde, brachte sie ihre Krankschreibung persönlich in den Betrieb, glaubte, das gehöre sich so. Statt dessen erhielt sie als Quittung ihre Entlassungspapiere.

Sie war siebzehn Jahre alt, als sie als Produktionshelferin in der Brillenfabrik eingestellt wurde, in der sie immer noch arbeitet. Zu ihrer eigenen Überraschung begann für sie dort bald eine steile Karriere. Bereits nach einem Jahr wurde sie zur Betriebsrätin gewählt – eine Position, in der sie bis heute immer wieder bestätigt wurde. Den Kolleginnen war sie positiv aufgefallen, weil sie sich über unzumutbare Arbeitsbedingungen beschwerte und sich gegen diskriminierende Äußerungen der Vorarbeiter („Du beschwerst Dich über den Gestank am Arbeitsplatz, und dabei kommst Du selbst aus einem türkischen Schweinestall") schlagfertig zur Wehr setzte. Sie selbst fand nichts Besonderes dabei, war sich auch nicht bewußt, welch enorme persönliche Entwicklung innerhalb nur weniger, oft entmutigender Jahre des Lebens in Berlin sie genommen hatte.

Heute weiß sie, daß sie über ein großes Potential an Energie und Zuversicht verfügt; daß das etwas Außergewöhnliches sei, glaubt sie allerdings noch immer nicht. Aber sie ist stolz auf das Vertrauen, das die Kolleginnen ihr entgegenbringen, stolz auch darauf, gleichermaßen von ausländischen und deutschen Arbeiterinnen gewählt worden zu sein.

In ihrer Betriebsratsarbeit verfolgt sie eine Politik, in der sich Standfestigkeit und Kompromißbereitschaft ergänzen, den Schwerpunkt ihrer Aktivitäten legt sie auf die Beratung einzelner Kolleginnen und ihre Mitarbeit im Frauenausschuß. – Produktionshelferin ist sie schon lange nicht mehr. Bald wurde sie Gruppenleiterin, seit 1984 ist sie Vorarbeiterin. Ihr Mann Ali stand ihrer Betriebsratsarbeit zunächst skeptisch gegenüber, unterstützt sie aber inzwischen, nachdem er in seinem Betrieb, der Druckerwalzen herstellt, selbst zum Betriebsrat gewählt worden ist und sich beide über ihre Erfahrungen austauschen können. Als Elternvertreter für Tunas Realschulklasse haben sich die Ehepartner abgewechselt, die Tochter selbst ist Klassensprecherin.

Jetzt freut sich Frau Emirler auf das Ende ihres Mutterschaftsurlaubs und darauf, wieder mit der Arbeit in der Fabrik beginnen zu können.

„Ein Leben ohne Kinder und Familie könnte ich mir nicht vorstellen, aber ein Leben ohne Berufstätigkeit auch nicht. Nur zu Hause sitzen und kochen und mich mit meinen Kindern beschäftigen, das wäre schlecht für mich und schlecht für die Kinder. Denn dann hätten sie eine unzufriedene Mutter – und wem soll das nützen?"

Die Verbindung von Berufstätigkeit und Familie, die heute, nicht zuletzt durch die Unterstützung des Mannes, der Töchter und der Mutter, so gut gelungen zu sein scheint, erwies sich zunächst jedoch als äußerst problematisch.

Bereits mit 17 Jahren heiratete Ayşe ihren Mann, den sie über Verwandte kennengelernt hatte. „Damals fand ich es noch normal, so früh zu heiraten. So kannte ich es aus der Türkei. Heute denke ich, meine Töchter sollten sich damit Zeit lassen, erst einen Beruf haben und selbst erwachsen sein, bevor sie Kinder in die Welt setzen". Erwachsen, so sagt sie selbst, war sie eigentlich noch nicht, als sie mit 18 Jahren ihr erstes Kind, Tuna, zur Welt brachte. Gerade begann sie, im Beruf Erfolg zu haben, gerade begann dadurch ein eigenes Leben in Deutschland, da wollte sie ihren Arbeitsplatz nicht wegen des Kindes aufgeben. Es gelang ihr aber auch nicht, einen Krippenplatz für ihre Tochter zu finden, so daß sie zu einer Lösung griff, deren verstörende Wirkung sie am eigenen Leib erfahren und erlitten hatte – sie ließ die kleine Tuna bei Verwandten im Heimatdorf.

So wiederholte sich schließlich auch die Erfahrung der Entfremdung zwischen Mutter und Tochter. Als Frau Emirler neun Monate später endlich einen Platz in einer Kindertagesstätte für Tuna gefunden hatte und sie nach Berlin zurückholte, mußte sie zu ihrem großen Kummer feststellen, daß ihre Tochter sie zunächst nicht als Mutter ansprechen und akzeptieren konnte. Heute weiß sie, daß sie Tuna damals viel zugemutet hat, daß es die Älteste von allen Kindern am schwersten hatte. Das, so schworen sich die Eltern, sollte sich nicht wiederholen. Sie beschlossen, auf jeden Fall so lange in Deutschland zu bleiben, bis die Kinder mit ihrer Schulausbildung fertig wären.

1996 war ein Datum, das sie für ihre Rückkehr in die Türkei angepeilt hatten. Nachdem nun die Drillinge da sind, überlegen sie, ob sie vielleicht doch in Deutschland bleiben werden. Auf jeden Fall sollen die Jungen hier zur Schule gehen. Tuna, ein stilles, ernsthaftes Mädchen, immer eine der Klassenbesten, ist erleichtert über diesen Aufschub, denn sie hat noch viel vor. Zunächst möchte sie nach dem Realschulabschluß ihr Abitur machen und dann Medizin studieren. All das wäre ihr in der Türkei kaum möglich, zumal sie zwar gut Türkisch spricht, in der Schule aber nicht, wie angeboten, Türkisch, sondern Englisch als erste Fremdsprache gewählt hat. Das geschah übrigens mit der Zustimmung ihrer Eltern, die der Meinung sind, wer Erfolg in der modernen Arbeitswelt haben wolle, müsse Englisch sprechen, Türkisch sei international eben keine so wichtige Sprache.

Neben Tuna sitzt im Klassenraum zur nicht geringen Verwirrung von Mitschülerinnen und Lehrkräften ihre Tante Inci Güroglu. Während Frau Emirler sehr jung ihr erstes Kind bekam, brachte ihre Mutter noch einen Nachkömmling zur Welt. Auch Inci gehört zu den besonders guten Schülerinnen, seit einiger Zeit weiß sie, daß sie Hebamme werden möchte. Beide Mädchen repräsentieren eine selbstbewußte Generation von Gastarbeitertöchtern, die, eingebettet in die türkische Großfamilie, für ihre Zukunft eine hochwertige berufliche Qualifikation und, wenn möglich, ein Leben in Berlin eingeplant haben.

Berlin oder Türkei, hier liegt, das spürt man, ein möglicher Konfliktpunkt innerhalb der Familie Emirler.

Tuna jedenfalls würde gern bleiben. Die Eltern hingegen schwanken zwischen Hierbleiben und Zurückgehen, weil sie sich unsicher darüber sind, wohin sie wirklich gehören. Mit dem Leben in Deutschland sind sie zufrieden, sie haben deutsche wie türkische Kollegen und Freunde, die Kinder, von den kleinen Drillingen einmal abgesehen, sind, wie ihre Eltern, akzeptiert und erfolgreich. Zwischen den Kulturen hat die Familie eine Balance gefunden. Die türkischen Feste werden gefeiert – eines der nächsten großen Ereignisse wird das Beschneidungsfest der Jungen sein – und es wird Wert darauf gelegt, daß sich die Kinder der Kultur und Sprache der Eltern nicht entfremden. In Ansätzen jedenfalls funktioniert auch die türkische Großfamilie, denn Frau Emirlers Eltern und ihre kleine Schwester, Tunas Tante, leben ganz in der Nähe. Frau Emirler glaubt, ihre Kinder eher türkisch erzogen zu haben, was für sie bedeutet, daß nicht alles so streng und so ordentlich zugeht wie in deutschen Familien. Die türkische Identität wurde also nicht aufgegeben.

Gleichzeitig aber nehmen alle aktiv am deutschen Leben teil, und die Kinder werden dabei unterstützt, sich darin ohne Probleme zu bewegen. Daß Tuna und Yasemin z. B. nicht mit zum Schwimmen gehen dürften oder bei Klassenfahrten zu Hause bleiben müßten, ist in dieser Familie unvorstellbar.

Obwohl die Emirlers also eine private Lösung für die Frage, wie ein Leben als türkische Berliner aussehen könnte, gefunden haben, die sie weder dazu zwingt, ihre Kultur aufzugeben, noch dazu, die Kultur des Gastlandes abzulehnen, fühlen sie sich dabei von der sie umgebenden Gesellschaft allein gelassen: „Wir bleiben hier immer Ausländer, immer Fremde. Egal, wie lange wir hier sind und wie gut wir uns integrieren, wir gehören doch für die Deutschen nicht wirklich dazu. Das ist manchmal kränkend und schwer zu verkraften. Niemand möchte immer fremd sein".

Also planten sie ursprünglich, eines Tages zurückzugehen in die Heimat, dorthin, wo sie dazugehören. Doch nicht nur die Geburt der drei Jungen hat diesen Plan vorerst in weite Ferne rücken lassen. Auch die alljährlichen Besuche am Schwarzen Meer haben das Ehepaar Emirler immer skeptischer gestimmt. Wie alle anderen Gastarbeiter mußten sie feststellen, daß sie als „Deutschländer" in der Türkei mittlerweile beneidet und beargwöhnt werden. Da nützt auch der türkische Paß nichts; sie sind anders, und das wird ihnen vorgehalten.

Sie selbst spüren ebenfalls etwas von diesem Anderssein, fragen sich, ob sie mit dem Alltagsleben in der Türkei wirklich zurechtkämen, ob sie dort zufrieden wären. Frau Emirler erzählt: „Im Sommer, wenn wir den Urlaub am Meer verbringen, ist natürlich alles wunderbar. Aber selbst dann fällt der Strom manchmal aus, ist die Wasserversorgung schwierig. Wie wird das erst im Winter aussehen? Für die Menschen dort ist das alles normal, sie können damit umgehen. Aber ich wäre im Alltag wahrscheinlich verloren".

Auch die Vorstellung, in der Türkei alt und krank zu sein, womöglich ins Krankenhaus in die vom Heimatdorf weit entfernte Stadt gebracht werden zu müssen, erfüllt sie mit Unbehagen. Schließlich lebt sie seit zwei Jahrzehnten in Berlin und hat sich, wie alle anderen hier, daran gewöhnt, eine funktionierende Infrastruktur und ein allgemein zugängliches Bildungssystem für ebenso selbstverständlich zu halten wie eine jederzeit zur

Verfügung stehende medizinische Versorgung. Sie ahnt, daß eine Rückkehr in die Heimat einen zweiten Kulturschock für sie bereithalten könnte.

Noch ist unentschieden, wohin sich die Familie eines Tages orientieren wird. Auf der einen Seite erschweren die Ausschreitungen gegen ausländische Menschen, obwohl sie bisher nicht persönlich davon betroffen waren, die Entscheidung für eine Zukunft in Deutschland. „Wenn das so weitergeht, dann bekommen wir es, vor allem wegen der Kinder, hier doch noch mit der Angst zu tun".

Auf der anderen Seite gibt es das Bedürfnis, sich hier, wo sie den längsten Teil ihres Lebens verbracht haben, wirklich niederzulassen. So entstand nach der Geburt der Drillinge der Plan, in Berlin ein Grundstück zu kaufen und ein Haus zu bauen. In Ostberlin hätten sie Bauland erwerben können, aber dorthin möchte Frau Emirler nicht, weil sie fürchtet, dort nicht in Ruhe leben zu können. Doch sie sehen sich weiter um, wollen in absehbarer Zeit ausreichend Platz und einen Garten für die Kinder haben. Wenn sie Rentner sind, dann, so überlegen Ayşe und Ali Emirler, könnten sie immer noch jedes Jahr für ein paar Monate in die Türkei fahren, vielleicht auch, wer weiß, dort ganz bleiben. „Das Haus bekommt dann Tuna", schlägt Frau Emirler spontan vor, „denn sie hat alles mit uns durchgestanden, von Anfang an".

Vor vielen Jahren hatte sich Frau Emirler Ziele für ihr Leben gesteckt. Mit dreißig, das nahm sie sich vor, wollte sie einen guten Mann, drei Kinder, eine gute Arbeit und eine schöne Wohnung haben. Nun kam das dritte Kind zwar ein wenig später als geplant und brachte auch gleich noch ein viertes und fünftes mit sich, aber insgesamt hat sich Frau Emirler die Wünsche von damals erfüllt. Es bleibt, bis auf das Haus, nur noch ein Wunsch übrig, der noch ein wenig auf seine Verwirklichung wird warten müssen: In ein paar Jahren, wenn Tuna studiert, möchte sie mit ihrem Mann eine Weltreise unternehmen.

Und wer weiß, mit welchen Plänen sie dann zurückkehrt.

Mira Erceg und Hilde Schramm

Angewiesen sein aufeinander. Eine deutsch-jugoslawische Friedensinitiative. Bericht aus zwei Perspektiven

Die Schwierigkeit der Benennung von zweisprachigen Menschen (H. S.)

Wenn ich über die Frauen und Männer in der Berliner Initiative zur Unterstützung der Friedensbewegung im ehemaligen Jugoslawien rede oder schreibe, die Deutsch mit einem mehr oder weniger leichten südosteuropäischen Akzent sprechen, weiß ich nicht, wie ich sie benennen soll. Anfangs war das einfach: Es waren die Jugoslawen in der Initiative. Jetzt, nach dem Verfall Jugoslawiens, legen einige weiterhin Wert darauf, nicht über eine Nationalität und auch nicht über einen der neu gegründeten Staaten definiert zu werden. Sie haben in mehr als einer Republik gelebt und gearbeitet, in ihren Herkunftsfamilien sind die Nationalitäten gemischt, sie fühlen sich als Bürger und Bürgerinnen, nicht als Angehörige eines Volkes. Andere in der Initiative haben nichts dagegen, über ihr Herkunftsland Kroatien oder Serbien oder Bosnien definiert zu werden. Andere legen sogar Wert darauf. So haben wir uns geeinigt, das Herkunftsland aller als „ehemaliges Jugoslawien" zu bezeichnen und damit als ein vergangenes. Wir sprechen von „in Berlin lebenden Menschen aus dem ehemaligen Jugoslawien", von Ausländern jedenfalls sprechen wir nicht. Auch die Flüchtlinge, die erst vor kurzem nach Berlin gekommen sind, heißen bei uns nicht Ausländer, sondern eben Flüchtlinge, genauso wie wir uns auf die Deserteure nicht als Ausländer, sondern als Deserteure beziehen. Die Umschreibung „Nicht-Deutsche" vermeiden wir ebenfalls, ohne je darüber – wie übrigens auch über die Vermeidung des Wortes Ausländer –

nachgedacht oder gar debattiert zu haben, vermutlich in dem sicheren Gefühl, daß wir niemanden über uns, über unser Deutsch-Sein, definieren wollen, auch nicht in der Abgrenzung oder in der Negation.

Die Vermeidung der Bezeichnung „Ausländer" oder „Nicht-Deutsche" im Rahmen der Initiative ist mir bislang nie aufgefallen, erst jetzt beim Schreiben, obwohl ich oft genug vor der Schwierigkeit stand, eine Umschreibung zu finden. Ich deute es als ein Zeichen, daß das Wort Ausländer auch bei uns, die wir uns für aufgeklärt halten, so negativ besetzt ist, daß wir es gegenüber Menschen, die wir kennen, achten und mögen, nicht verwenden. Solch abgrenzende Begriffe wurden vermutlich auch deshalb von Anfang an vermieden, weil die Übergänge zwischen „ihnen" und „uns" fließend sind. Einige in der Initiative sind zweisprachig, ohne Akzent im Deutschen. Sie sind hier aufgewachsen, handeln wie Deutsche, ob sie die Staatsbürgerschaft haben oder nicht, zugleich wie Menschen, in deren Heimat Krieg ist. Weit wichtiger als Herkunft und Sprache für die Arbeit in der Initiative ist die eingebrachte Kompetenz und das eingebrachte Engagement. Das gilt für alle. Wir haben uns über eine gemeinsame Zielsetzung kennengelernt und sind bei jedem Schritt der Umsetzung aufeinander angewiesen. Ohne die Menschen mit dem südosteuropäischen Akzent und ohne die Menschen, die sich sicher in beiden Kulturen bewegen, aber auch ohne die Flüchtlinge, die inzwischen die Betreuung anderer Flüchtlinge in Heimen übernommen haben, könnten wir, die wir mehrheitlich nur deutsch sprechen, die Friedensgruppen im ehemaligen Jugoslawien nicht unterstützen. Uns würden die Kontakte nach dort fehlen und die Einblicke.

Wenn wir darüber berichten, mit wem wir kooperieren, wen wir unterstützen, woher wir Referenten einladen, wohin Mitarbeiter von uns reisen, nennen wir die Namen der Orte: Belgrad, Koper, Ljubljana, Novi Sad, Riejka, Sarajevo, Split, Subotica, Pancevo, Podorica und Zagreb. Damit soll deutlich werden, daß es zwar Jugoslawien nicht mehr gibt, diese Region aber eine gemeinsame Aufgabe hat: die Beendigung des Krieges und die Demokratisierung der Gesellschaft. Es soll zudem deutlich werden, daß wir nicht mit „einer Seite“ zusammenarbeiten, sondern prinzipiell mit allen Gruppen und Personen, die für ein friedliches Zusammenleben der verschiedenen Nationalitäten eintreten, unabhängig von der Staatsform.

Wie ich Mitglied der Initiative wurde (M. E.)

Daß ich zur Mitbegründerin der Berliner Initiative zur Unterstützung der Friedensbewegung im ehemaligen Jugoslawien geworden bin, hat biographische wie politische Gründe. Im Mai 1991 wurde mein Sohn als Reservist der damaligen Jugoslawischen Volksarmee eingezogen (er mußte sein Studium an der Belgrader Kunsthochschule unterbrechen) und für drei Wochen in ein Militärausbildungslager gesteckt. Nach drei Wochen Reservisten-Ausbildung wurde er nach Hause geschickt mit der Auflage, sich bereit zu halten, um bald seinen Kriegsdienst anzutreten. Anstatt auf den Befehl zu warten, setzte sich mein Sohn in den Zug nach Berlin und verließ Jugoslawien, seiner Meinung nach, für immer. Seine Einheit, als eine der ersten im Juli 1991 an die Front in Ost-Slawonien geschickt, wurde dezimiert von den kroatischen Jungen, die so aussahen wie mein Sohn und die es inzwischen wahrscheinlich auch zum großen Teil nicht mehr auf dieser Welt gibt. Ich folgte meinem Sohn nach Berlin, wo ich im Ostteil der Stadt zwischen 1970 und 1981 als Regisseurin gearbeitet hatte.

Damals, lange bevor der Krieg in Jugoslawien ausbrach, habe ich dort versucht, mit den Mitteln des Theaters Kriege gegen den Krieg zu führen. Gebürtige Bosnierin (serbisch-slowenischer Abstammung), habe ich in allen Landesteilen des ehemaligen Jugoslawiens als Regisseurin gearbeitet. Fast alle meine Inszenierungen hatten die Zerschlagung der patriarchalischen Denk- und Gesellschaftsstrukturen (die letztendlich auch zum Krieg führten) zum Inhalt. Die ‚Orestie‘ von Aischylos am Belgrader National-Theater und ‚Der Trauervermesser‘ von Villy Ravnjak an den Städtischen Bühnen in Ljubljana waren meine letzten großen Warnungen vor dem Krieg. Da ich meine Theatermission politisch als gescheitert ansehen mußte, schwor ich mir, sobald nicht wieder in Jugoslawien zu inszenieren. Von Berlin aus versuche ich seitdem, meinen bescheidenen Friedensbeitrag zu leisten, indem ich an der Arbeit der Friedensinitiative teilnehme. In unserer Gruppe arbeiten Kroaten, Serben, Slowenen, Moslems und Deutsche zusammen. Was wir tun können ist wenig, aber es ist mehr als gar nichts.

Die Entstehung der Bürgerinitiative (H. S.)

Zum ersten Treffen Mitte Oktober 1991 lud Mirjana Morokvasic-Müller einige in Berlin lebende „Jugoslawen" ein, ich einige Leute aus der Friedensbewegung. Hildegard von Meier, die kurz zuvor von einer Friedenskarawane nach Jugoslawien zurückgekommen war, hatte uns bekannt gemacht. In einem Faltblatt stellten wir Anfang November unsere Initiative vor. Als Gründer und Gründerinnen zeichneten 30 Personen mit ihrem Namen, ihrem Beruf oder ihrer Zugehörigkeit zu einer Gruppierung, Organisation oder Partei (Grüne und SPD). Über die Teilnahmemotive heißt es dort:

„Mit Ohnmachtsgefühlen verfolgen die Deutschen in dieser Initiative seit Monaten den Krieg in Jugoslawien. Wir durchschauen die Kriegsursachen nicht und sind skeptisch gegenüber der EG-Politik. Im Maß, wie die Kenntnisse über die Geschichte und die gegenwärtige ökonomische Krise des Landes wuchsen, verboten sich uns einseitige Schuldzuweisungen. Bisweilen empfanden wir sogar Aggressionen gegenüber den Menschen in Jugoslawien, die alle in vernunftlose Nationalitätenkämpfe zurückgefallen schienen. Der Krieg lähmte uns.

Offenbar geht es vielen Menschen in Berlin ähnlich, denn der Krieg in Jugoslawien ist bis jetzt kaum ein Thema in der hiesigen Friedensbewegung. Er ist aber auch kaum Thema in anderen Bürgergruppen, in Kirchen, Schulen, Hochschulen, Gewerkschaften, Parteien.

Seit wir mehr über die Anstrengungen von Menschen in allen Teilen Jugoslawiens wissen, sich dem nationalistischen Wahnsinn und dem Krieg entgegenzustellen, haben wir einen Ansatzpunkt gefunden, unsererseits etwas zur Beendigung des Krieges und zur Versöhnung der Menschen in der Nachkriegszeit beizutragen.

Wir sehen in der Unterstützung der Friedensbewegung in Jugoslawien eine politische Perspektive und eine menschliche Notwendigkeit.

Die aus Jugoslawien kommenden Mitglieder dieser Initiative müssen täglich gegen ihre Verzweiflung über den Krieg ankämpfen. Wir sind entsetzt, daß so viele unserer Landsleute ihre Vernunft verloren haben. Im Namen von Nationalismus und ‚Demokratie' ist dort heute alles erlaubt: töten, alte Faschisten zurück ins Land holen, Wendehälse unterstützen, Medienzensur einführen, Kriegsgreuel preisen. Kinder der antifaschistischen Widerstandskämpfer sollen sich für die ‚Sünden' ihrer Eltern schämen. Wer gegen den Krieg ist, wird zum Volksverräter erklärt. Auch viele Intellektuelle und Schriftsteller sind Knechte des Nationalismus geworden. Denjenigen, die nicht mitmachen, droht die Isolation.

Dennoch verweigern immer mehr Menschen alle Kriegsdienste und treten offen für ein friedliches Zusammenleben der verschiedenen Nationalitäten ein.

Ein sofortiger Waffenstillstand muß das Morden und die Zerstörung stoppen. Erst danach können politische Lösungen greifen.

Für den besten Weg, den bewaffneten Wahnsinn dauerhaft zu beenden, halten wir die Unterstützung der nach Frieden strebenden Gruppen und einzelner Menschen in verschiedenen Städten und Regionen. Sie sind dringend auf Hilfe von außen angewiesen. Darum bitten wir."

Während des Gründungsprozesses haben wir uns neben der materiellen Unterstützung auf folgende Schwerpunkte verständigt:

1. Stärkung der unabhängigen Medien in Jugoslawien, die sich einer demokratischen Berichterstattung verpflichtet fühlen.

2. Zusammenstellung eines Nachrichtenspiegels, der bei uns über die Antikriegsbewegung informiert.

3. Vernetzung von Anti-Kriegsgruppen über die Republikgrenzen hinweg, da diese, insbesondere zu Beginn des Krieges, praktisch nur über das Ausland kommunizieren konnten.

4. Einladungen von Gästen aus der dortigen Friedensbewegung.

5. Bereitstellen von Referenten und Referentinnen aus unserer Initiative für andere Gruppen, Schulklassen, Kirchengemeinden usw., auch über Berlin hinaus.

6. Vermitteln von Patenschaften zu Friedensgruppen in Jugoslawien.

7. Entwickeln und Unterbreiten von Vorschlägen an die Politiker in Berlin, Bonn und Brüssel, wie sie die Friedenskräfte in Jugoslawien stärken können.

Diese Arbeitsschwerpunkte haben wir jetzt ein Jahr lang verfolgt. Sie wurden ab Anfang Mai 1992 ergänzt um humanitäre Hilfe: das Sammeln von Hilfsgütern, besonders von Medikamenten, und die Betreuung von Flüchtlingen. Wir haben verschiedenen Gruppen und Einzelpersonen in allen Teilen des Landes sowie unabhängigen Medien für ihre Friedensarbeit insgesamt 100000 DM an Spendengeldern gebracht. Zusätzlich haben wir Medikamente im Wert von 30000 DM gekauft und uns um die Transporte gekümmert. Hierbei arbeiten wir – auch um Spendenquittungen ausgeben zu können – mit der Internationalen Liga für Menschenrechte zusammen.

Im Laufe des vergangenen Jahres sind wir gewachsen und wieder geschrumpft. 160 Menschen haben sich bei diversen Anlässen als Mitarbeiter und Mitarbeiterinnen der Initiative in unsere Adressenlisten eingetragen. Etwa die Hälfte davon hat jugoslawische Namen. Gegenwärtig sehe ich einen „harten Kern" von 25 Leuten und etwa ebenso viele, die punktuell mitarbeiten. Hinzu kommen die Flüchtlinge, die andere Flüchtlinge betreuen. In den letzten Monaten hat die Resignation hinsichtlich der Effektivität unserer Arbeit zugenommen. Solange wir hoffen konnten, daß die Friedenskräfte in Serbien, aber auch in Kroatien an gesellschaftlichem Terrain und an politischem Einfluß gewinnen, war unsere Unterstützung – und sei sie auch gering – eingebettet in einen sinnhaften politischen Prozeß. Inzwischen haben wir diese Hoffnung nicht mehr. Die dortige demokratische Antikriegsbewegung, die sich frei hält vom Nationalismus, ist, zumindest gegenwärtig, marginal. Entsprechend ist die anfängliche Verbindung einer politischen und moralischen Motivation in unserer Initiative nur noch schwer oder gar nicht aufrechtzuerhalten. Die politische Strategie, zur Beendigung des Bürgerkrieges beizutragen, ist weggebrochen. Es bleibt die moralische Verpflichtung. Diese, für sich genommen, durchzuhalten, ist schwer. Nur eine verschwindende Minderheit, darunter wir, interessiert sich in der Bundesrepublik für eine kleine Minderheit im ehemaligen Jugoslawien. Währenddessen schreitet die „ethnische Säuberung" Bosniens fort. Die Machthaber in Serbien und Kroatien haben sich auf Kosten der Muslime geeinigt oder werden sich einigen. Der Völkermord an diesen geht – so ist zu befürchten – weiter.

Die Zusammenarbeit (M. E.)

Die deutschen Mitglieder der Initiative sind überwiegend Frauen und Männer, die aus der deutschen Friedensbewegung kommen, wie z. B. Hilde Schramm, Hildegard von Meier, Kristina Hoff, Eva Herbst. Der Gruppe gehören auch Menschen an, die sich beruflich und emotional den jugoslawischen Völkern verbunden fühlen, wie z. B. der Slawist Christoph Koch oder der ehemalige Botschafter der Bundesrepublik in Jugoslawien, Horst Grabert. Sehr aktiv nehmen an der Arbeit der Initiative auch die Studenten der Balkanologie teil: Miriam Kreibich, Rüdiger Rossig, Fabian Schmidt und Eggert Hardten. Die aktivsten Teilnehmer von der „jugoslawischen" Seite sind Bosiljka Schedlich, die Leiterin des Süd-Ost-Europa-Kulturvereins in Berlin, die Soziologen Mirjana Morokvasic und Zlatomir Popović, die Dichterin Marusa Krese, die Studentinnen Jasna Malkoč und Roberta Raic sowie Dunja Stoljiljković. Auf beiden Seiten also Akademiker, Künstler, Individualisten, im Dialog geübte Menschen, gebildet, offen und tolerant.

Ohne die Deutschen wäre die Arbeit der Initiative erst gar nicht möglich gewesen. Sie bringen nicht nur die wertvollen organisatorischen Erfahrungen in die Gruppenarbeit ein, sondern agieren auch als Mittler zwischen den „jugoslawischen" Teilnehmern, die aufgrund ihrer unterschiedlichen politischen und nationalen Optionen sehr oft in Konflikte geraten. Ich habe im Laufe der Monate bei meinen deutschen Freunden am meisten ihre grundsätzlich antifaschistische Haltung und ihre Ausländerfreundlichkeit schätzen gelernt, wenn auch einige von ihnen nicht ganz frei sind von zwei, meiner Meinung nach, typisch deutschen Schwächen. Ich meine den Hang zum Paternalismus und zum Schulmeisterton. Andererseits schätze ich bei einigen ihren sensiblen Umgang mit den Menschen und Problemen und bei anderen die Genauigkeit, die sie an den Tag legen, wenn es um Geldfragen geht.

Es ist interessant, daß sich unserer Gruppe, deren Mitbegründer die prinzipienfesten Befürworter der Friedenspolitik sind, mit der Zeit Vertreter der verschiedenen Nationalitäten aus dem ehemaligen Jugoslawien angeschlossen haben, die mit Hilfe der Initiative ihre partiellen Interessen oder Lebensnöte zu vertreten oder zu lindern versuchen. Das bezieht sich vor allem auf die Vertreter der in Berlin lebenden Serben und Moslems, die erst durch den grausamen bosnischen Krieg zu unserer Initiative gefunden haben. In beiden Fällen handelt es sich um Gastarbeiter, die aufgrund ihrer sozialen Erfahrung und vom starken Gefühl der ethnischen Zusammengehörigkeit geprägt eher zu kollektivistischen als individualistischen Verhaltensmustern neigen.

Sehr zu bedauern ist es, daß zu unserer Initiative keiner der zahlreichen Kriegsdienstverweigerer aus Jugoslawien, die hier in Berlin Zuflucht gefunden haben, gehört. Diese jungen Männer haben Angst, politisch tätig zu werden. Sie sind in einen Loyalitätskonflikt geraten, denn einerseits haben sie in ihren Ländern (Serbien, Kroatien, Bosnien) Kriegsdienst verweigert (man beschimpft sie dort als Vaterlandsverräter), andererseits möchten sie eines Tages nach Hause zurückkehren. Sie fühlen sich außerdem hier in Deutschland sehr unsicher, denn, wie ein Deserteur mir sagte, kein Land der Welt akzeptiert die Kriegsdienstverweigerer – und die deutschen Deserteure aus dem Zweiten Weltkrieg wurden bis heute nicht rehabilitiert.

Deutsche leiten die alle 14 Tage anberaumten Treffen. Das hat sich so eingespielt, entgegen der ursprünglichen Absicht, die auch formuliert worden war. Beabsichtigt gewesen war Rotation oder gemeinsame Gesprächsführung. Niemand, auch keiner vom „jugoslawischen" „Kern" der Initiative, hat eine diesbezügliche Gleichbehandlung bislang eingeklagt. Deutsche bereiten die Aktionen vor, wie Demonstrationen oder Mahnwachen, aber auch unsere Veranstaltungen. Sie schreiben die Texte, sie verwalten das Geld und besorgen es auch. Kurz, die administrativen, organisatorischen und finanziellen Aufgaben liegen in den Händen der Deutschen, ebenso die schriftliche Darstellung der Gruppe gegenüber der Öffentlichkeit. Dafür laufen die Kontakte in alle Teile des ehemaligen Jugoslawiens über die Menschen, die von dort stammen und die mit vielen, die dort jetzt die Antikriegsarbeit machen, seit Jahren befreundet sind. Sie besorgen die neuesten Informationen und Papiere. Sie wissen, welche Frau oder welcher Mann zu welchem Thema der geeignete Referent wäre. Sie hören, welche Konflikte und Spannungen zwischen den Gruppen dort unten gerade ausgetragen werden oder beigelegt worden sind. Ihre Kenntnis der „jugoslawischen" Gesellschaft ist unabdingbar für die Arbeit in der Initiative. Sie sind als Referenten und als Referentinnen in politischen Gruppierungen sowie als Interviewpartner in den Medien gefragter als die Deutschen. Wir versuchen bisweilen, gemeinsam, paarweise aufzutreten. Schließlich wollen wir auch die deutsche Politik im Jugoslawien-Konflikt thematisieren, die vorschnelle Anerkennung Kroatiens, deren Folgen für Bosnien Kenner des Landes, z.B. der ehemalige Botschafter in Belgrad, Horst Grabert, genau vorausgesagt hatten: die Einäugigkeit gegenüber Kroatien und die restriktive Haltung gegenüber der Aufnahme von Flüchtlingen. Wir wollen den Zuhörern vermitteln, daß der Krieg im ehemaligen Jugoslawien sie etwas angeht, als Ausbruch des Nationalismus in einem multinationalen Land und als gescheiterte internationale Konfliktprophylaxe und Konfliktbeilegung.

Wenn ich zu einer Gesprächsrunde Einladungen annehme, z. B. zusammen mit Mira Erceg, konzentriert sich das Teilnehmerinteresse eindeutig auf Mira. Diese Nebenrolle, die mir sonst eher fremd ist, muß ich dann eben ertragen. In der Tat weiß Mira mehr als ich und kann authentisch berichten. Es gibt einige Leute in der Initiative, die beides können. Sie haben entweder eine „jugoslawische" Biographie, auch wenn sie hier aufgewachsen sind, oder sie sind über Studium und Beruf mit der Sprache, der Kultur und der Politik des Landes vertraut, auch ohne direkten Familienbezug. Sie können organisieren, schreiben, referieren, Kontakte herstellen oder halten, ins Land reisen und berichten. Ich zähle sie ungewollt immer doppelt, weil sie die im Zuge der Arbeitsteilung den Deutschen zufallenden Aufgaben ebenso übernehmen können wie die den Ex-Jugoslawen zufallenden. Offensichtlich bin ich nicht die einzige, die sie doppelt zählt. Vielleicht zählen sie sich auch selbst so. Jedenfalls lastet viel Arbeit auf ihnen.

So wäre ohne André Stanisavljevic', der einen serbischen Vater hat und vor kurzem sein Geschichtsstudium abschloß, der es übernahm, alle Briefe und Anfragen zu beantworten, Material an Interessierte in den alten und neuen Bundesländern zu schicken, Termine zu koordinieren und bei Bedarf selbst wahrzunehmen, die Initiative in den letzten Monaten im Chaos versunken.

Erfolge und Grenzen unserer Arbeit (M. E.)

Unsere Erfolge sind bescheiden, unser Ohnmachtsgefühl, angesichts des eskalierenden Krieges grenzenlos. Unsere Arbeit ist zwar breit aufgefächert, aber ohne große Wirkung. Wir geben einen Pressespiegel heraus, unterstützen finanziell die Friedensgruppen auf dem ganzen Gebiet des ehemaligen Jugoslawien, halten Vorträge, berichten über die Arbeit der Kriegsgegner dort, organisieren Mahnwachen und Demonstrationen. Mit der humanitären Arbeit versuchen wir in der letzten Zeit zunehmend, unsere politische Ohnmacht zu kompensieren. Unser Beitrag zur Unterstützung der Friedensbewegung im ehemaligen Jugoslawien ist so schwach, wie die „jugoslawische" Friedensbewegung selbst. Daß sie so schwach ist, hat unserer Meinung nach auch mit den Versäumnissen der deutschen Friedensbewegung zu tun. Die deutsche Friedensbewegung, die noch während des Golf-Krieges so massiv in Erscheinung trat, hat nach dem Zerfall des Ostblocks ihre neue Aufgabe nicht rechtzeitig erkannt. Man war unfähig, vorauszusehen, daß an Stelle des alten und angeknacksten Totalitarismus ein neuer chauvinistischer Totalitarismus kommen wird, der jetzt droht, die von Krisen erschütterten Staaten und Gesellschaften total zu vernichten. Die deutsche Friedensbewegung als ein wichtiger Bestandteil der Bürgerbewegungen in Europa hat sich nicht rechtzeitig darauf vorbereitet, dem Chauvinismus, dem Nationalismus, dem Antisemitismus, der Feindseligkeit gegenüber Sinti und Roma, dem Rassismus und der Fremdenfeindlichkeit allgemein, die gebündelt in ganz Europa auftreten, entgegenzuwirken. Indem man das Selbstbestimmungsrecht der Völker höher eingestuft hat als alle anderen Menschenrechte, hat man den Nationalismus sanktioniert.

So wie die internationale Gemeinschaft den Krieg im damaligen Jugoslawien nicht verhindern wollte oder konnte – das sei dahingestellt –, so hat die europäische Friedensbewegung versäumt, rechtzeitig und massiv die Kriegsgegner in Jugoslawien zu unterstützen. „Erst wollen wir Eure Erfolge sehen, und danach werden wir Euch helfen!" Das war die europäische Devise. Die Erfolge waren da, aber sie wurden international nicht beachtet. Wenn man bedenkt, daß zu Beginn des serbisch-kroatischen Krieges, während der permanent stattgefundenen Mobilisierung, 70 000 Menschen in Serbien eine Petition zur Durchführung eines Anti-Kriegs-Referendums unterzeichnet haben, wenn man bedenkt, daß schätzungsweise 200 000 junge Männer aus allen Teilen des ehemaligen Jugoslawiens den Dienst für die eine oder andere der kriegsführenden Seiten verweigert haben und das Land verließen, wenn man bedenkt, daß in Bosnien (vor allem in Sarajevo) zigtausend Menschen gegen den Krieg und gegen die geplante Aufteilung Bosniens protestierten –, wenn man all das bedenkt, fragt man sich, warum man diese Friedensbekundungen nicht massiv und entschieden unterstützt hat. Ich will hoffen, daß der deutsche Nationalismus in all seinen Schattierungen durch die Institutionen der wehrhaften Demokratie gebändigt wird und daß die deutsche Friedensbewegung bald einsehen wird, daß der Nationalismus, besonders wenn er in den Ländern auftritt, die über keine demokratischen Traditionen verfügen, der Hauptfeind des Friedens ist.

Ferne und Nähe des Bürgerkrieges „dort unten" (H. S.)

Ich selbst gehöre zu den Deutschen in der Initiative, die fast ohne Vorkenntnisse über „Jugoslawien" und ohne persönlichen Bezug die Selbstverpflichtung eingegangen sind, die Menschen dort, die sich für eine Beendigung des Krieges einsetzen und keine Nationalisten sind, in ihrer Arbeit zu unterstützen. Ich war nie im Land gewesen, hatte bislang keine „jugoslawischen" Freunde und esse noch nicht einmal besonders gerne in einem „jugoslawischen" Lokal. Vor vielen Jahren war der „Dritte Weg" Jugoslawiens eines meiner Studienobjekte unter vielen gewesen. Die Selbstbefreiung des Landes von den Faschisten durch die Partisanen hatte mich beeindruckt, ebenso die kluge Widersetzung und das Selbstbewußtsein gegenüber Stalin. Für den Vielvölkerstaat hatte ich Sympathie in der Annahme, das multikulturelle Zusammenleben sei dort fest verankert.

Daß dieses Land mit seinem wohltuenden Eigensinn als erstes und so blutig am Übergang vom Kommunismus, der in vielem dort liberal war, zur Demokratie und Ökonomie westlicher Prägung scheitern würde, hatte ich nicht vorausgesehen. Insofern hatte ich plötzlich viele Fragen, auch hinsichtlich meiner eigenen Fehleinschätzung. Dennoch, mein Anspruch, mich zu kümmern, war zunächst ein abstrakter, quasi hinübergerettet aus der Zeit der Friedensbewegung und getragen von einem politischen Gesamtinteresse an der nachkommunistischen Entwicklung in Europa. Von den Menschen in der Initiative mit dem leichten Akzent und den Menschen ohne Akzent mit den bikulturellen Biographien habe ich viel gelernt durch Diskussionen in der Gruppe, auch durch Anregungen nebenbei. Sie sind mir nahegekommen. Meine anfängliche Orientierungslosigkeit bezüglich der Kriegsursachen und der Kriegsschuld ist vorbei.

Die fundamentale Frage aber: wie können Menschen andere Menschen abschlachten, warum lassen sie andere verhungern – sehen sie nicht, daß sie sich langfristig selbst schaden durch den Krieg –, kann ich trotz aller inzwischen gewonnenen Einsichten nicht beantworten. Gleichwohl empört mich, wenn andere Deutsche sich entsetzt von der Barbarei dieses Bürgerkrieges abwenden, so als wäre eine solche Unkultur ihnen fremd. Angesichts dieses kulturellen Hochmuts versuche ich, an die Barbarei, ausgeübt von Deutschen, zu erinnern, die noch gar nicht lange zurückliegt. Auch diese kann ich trotz allen Wissens bis heute nicht verstehen. Der zurückliegende industriell betriebene Massenmord und die kaltblütigen Erschießungen, vollstreckt von Deutschen, sind eine andere Form der Barbarei als die gegenwärtigen Grausamkeiten von Serben, Kroaten und (in der Folge auch) von Bosniern. In beiden Fällen zwar, ist die zivilisatorische Aufklärung zusammengebrochen, die Zahl der Toten jedoch und das Ausmaß der Zerstörung bleiben unvergleichbar.

Die „ethnischen Säuberungen“ und die Ideologie des Volksstaates an der Stelle des Bürgerstaates im ehemaligen Jugoslawien stehen dem Nationalsozialismus nicht fern. Aber nicht nur wegen der schmerzlichen Erinnerung an die deutsche Geschichte steht es uns schlecht an, uns gleichgültig oder mit Abscheu vom dortigen Bürgerkrieg abzuwenden, sondern leider auch wegen der jüngsten Entwicklung bei uns. In den beiden letzten Jahren ist hier die Hemmschwelle gegenüber Gewaltanwendungen, resultierend aus Fremdenhaß, in einem Maße gesunken, wie ich es nicht vorausgesehen habe. Ausländer werden totgeprügelt, gegen Gruppen von ihnen werden Brandsätze gezündet. In Teilen der Bevölkerung ist eine innergesellschaftliche Kriegsbereitschaft gegenüber Minderheiten vorhanden. Die Barbarei im ehemaligen Jugoslawien ist uns leider viel näher, als die meisten von uns wahrhaben wollen.

Dilemma (M. E.)

Ich habe mich oft gefragt, ob es überhaupt einen Sinn hat, in einer Bürgerinitiative wie der unsrigen weiter mitzuarbeiten, da unsere Arbeitsleistung sehr gering ist, unsere Kraft nicht ausreicht, um die breitere Öffentlichkeit hier in Berlin für Friedensarbeit zu gewinnen. Auch meinen Anteil an der Zusammenarbeit schätze ich als viel zu gering ein. Die Heimat habe ich verlassen, aber hier bin ich nicht angekommen. Ich bin eine Verliererin, die es noch nicht geschafft hat, aus dem dreifachen Verlust (der Heimat, des Friedens in der Heimat, der Theater-Karriere) die Kraft zu gewinnen, die so notwendig ist, um über die bloße Existenzbewältigung hinaus kreativ und produktiv zu wirken. Das merke ich daran, daß ich bis jetzt kein nennenswertes Projekt der Initiative vorgeschlagen habe, mich in der Gruppe eher passiv verhalte. Ich bin immer bereit, mir zugeteilte Aufgaben korrekt auszuführen, kaum aber in der Lage, etwas selbst zu organisieren oder neue Impulse für die Weiterarbeit unserer Initiative zu geben. Und dennoch werde ich mich weiterhin an der Arbeit der Initiative beteiligen, denn man muß die geringste Möglichkeit, dem schmutzigen Krieg entgegenzuwirken, wahrnehmen.

Als ich aber im Sommer 1992 nach Belgrad fuhr, mit einer Medikamentenspende für Sarajevo und mit dem Auftrag, im Namen unserer Initiative ein paar tausend Mark in die dortigen Friedensprojekte einfließen zu lassen, habe ich mich über den „Kurierdienst“ hinaus sehr aktiv an der Arbeit des Belgrader Antikriegszentrums beteiligt. Ich habe nicht nur die damaligen Studentenproteste tätig unterstützt, sondern auch eine Demonstration gegen die Diskriminierung der Nicht-Serben in Belgrad mitinitiiert und mitorganisiert. Ich hatte meine oft resignative Haltung für die Zeit meines Aufenthalts in Belgrad abgelegt und gegen eine kämpferische eingetauscht. „Von außen“ kommend, war ich in der Lage, dem emotionalen und organisatorischen Wirrwar der Friedenskämpfer in Belgrad mit kühlem Kopf zu begegnen, der mich befähigte, präziser zu denken und zu handeln, als mancher der Hitzköpfe dort. Ich bin nicht sicher, daß ich, wäre ich in „Jugoslawien" geblieben, die psychische Kraft hätte, mich hartnäckig gegen den dortigen Wahnsinn aufzulehnen. Als vor zwei Jahren Belgrad ein kollektives Irrenhaus wurde und man Irre für normal und die Normalen für Irre erklärte, beschloß ich, um meine mentale und kreative Substanz zu retten, nach Berlin zu flüchten. Heute weiß ich nicht mehr, ob dieser Entschluß der richtige war, aber eins weiß ich: Sexismus, Gewalt und Nationalismus haben dieselben Wurzeln, ob auf dem Balkan oder in Deutschland.

Anhang

Adressen

Die wichtigsten Ansprechpartner für alle Ausländer betreffenden Fragen stellen die Ausländerbeauftragten auf Bundes-, Länder- und Kommunalebene dar. In ihren Büros sind alle weiteren Anlaufstellen, also Beratungsinstitutionen der Kirchen, des Deutschen Rotes Kreuzes (DRK), des Deutschen Gewerkschaftsbundes (DGB), aber auch Vereine, Initiativen u. ä., die sich die Integration von Ausländern zum Ziel gesetzt haben, zu erfahren. Deshalb folgt hier eine Aufstellung der Ausländerbeauftragten von Bund, Ländern und den größeren Städten. Dort sind die Adressen der Ausländerbeauftragten von kleineren Städten, Gemeinden und Stadtbezirken erhältlich. Zu danken ist an dieser Stelle dem Büro der Ausländerbeauftragten der Bundesregierung, das uns alle wichtigen Anschriften zur Verfügung stellte.

Bund

Beauftragte der Bundesregierung
für die Belange der Ausländer
Frau Cornelia Schmalz-Jacobsen
Postfach 14 02 80
5300 Bonn 1
Tel.: 02 28/5 27 29 73

Länder und Kommunen

Baden-Württemberg

Landeshauptstadt Stuttgart
Sozialamt Stuttgart
Ausländerbeauftragter
Herr Herbert Babel
Postfach 10 60 34
7000 Stuttgart 10
Tel.: 07 11/2 16-26 45

Stadt Karlsruhe
Ausländerbeauftragte
Frau My Yen Pham-Thi
Luisenstr. 52
7500 Karlsruhe 1
Tel.: 07 21/1 33-20 46

Stadt Konstanz
Ausländerbeauftragte
Frau Nemiran Walter
Benediktinerplatz 2
7750 Konstanz
Tel.: 0 75 31/28 44 56

Stadt Mannheim
Beauftragter für ausländische Einwohner
Herr Helmut Schmitt
Rathaus E 5
6800 Mannheim
Tel.: 06 21/2 93-36 42

Stadt Tübingen
Städtisches Sozialamt
Ausländerberater
Herr Günther Sommer
Bei der Fruchtschranne 5
7400 Tübingen
Tel.: 07071/204-442

Stadt Ulm
Stadtverwaltung Ulm
Ausländerbeauftragter
Herr Gerhard Wörner
Postfach 3940
7900 Ulm
Tel.: 0731/161-5344

Bayern

Landeshauptstadt München
Ausländerbeauftragte
Dr. Chong-Fook Kang
Plinganser Str. 19
8000 München 70
Tel.: 089/2335-255

Stadt Augsburg
Ausländerbeauftragter der
Stadtverwaltung Augsburg
Herr Dieter Roßdeutscher
Maximilianstr. 4
Postfach 111960
8900 Augsburg
Tel.: 0821/3244305

Stadt Erlangen
Ausländerberater der
Stadtverwaltung Erlangen
Herr Dietmar Rosenzweig
Rathausplatz 1
Postfach 3160
8520 Erlangen
Tel.: 09131/862594

Stadt Fürth
Ausländerbeauftragter
Herr Dietrich Vogel
Hirschenstr. 27
8510 Fürth
Tel.: 0911/741-484

Stadt Memmingen
Ausländerbeauftragte und Vorsitzende des Ausländerbeirats
Frau Gertraude Woller
Herrenstr. 22
8940 Memmingen
Tel.: 08331/80610

Stadt Nürnberg
Geschäftsführer des
Ausländerbeirats
Herr Friedrich Popp
Peter-Vischer-Straße 17
8500 Nürnberg
Tel.: 0911/223408

Berlin

Senatsverwaltung für Soziales
Ausländerbeauftragte des Senats
Berlin
Potsdamer Str. 65
1000 Berlin 30
Tel.: 030/2604-2351

Zuständigkeitsbereiche:

Für Grundsatzfragen der Ausländer- und Integrationspolitik:
Ausländerbeauftragte
Frau Barbara John
Tel.: 030/2604-2351

Rahmenkoordination der Ausländerpolitik, ressortübergreifende Maßnahmen, Anhörung von Ausländerverbänden, Ausländerpolitik im Parlament und seinen Ausschüssen:

Herr Pfützenreuter
Tel.: 030/2604-2359

Frau Baude
Tel.: 030/2604-2362

Rechtliche und wanderungspolitische Grundsatzangelegenheiten/Beratung:

Herr Kayser
Tel.: 030/2604-2365

Beratung in rechtlichen Angelegenheiten und Integrationsfragen/Sozialbetreuung:

Frau Neupert
Tel.: 030/2604-2368
Herr Dr. Huong (insbes. Vietnam)
Tel.: 030/2604-2379

Herr Link
Tel.: 030/2604-2376
Frau Zint (insbes. Osteuropa)
Tel.: 030/2604-2361

Rückkehrhilfen:

Frau Aktürk
Tel.: 030/2604-2356

Frau Mizrak
Tel.: 030/2604-2352

Fortbildungsmaßnahmen:

Herr Kayser
Tel.: 030/2604-2365

Herr Link
Tel.: 030/2604-2367

Öffentlichkeitsarbeit, Presse:

Herr Röhe
Tel.: 030/2604-2357

Frau Eisenhardt
Tel.: 030/2604-2381

Bibliothek:

Frau Wesenack
Tel.: 030/2604-2366

Herr Dr. Hussain
Tel.: 030/2604-2379

Sozialdienste für Ausländer/Selbsthilfegruppen, finanzielle Förderung von Projekten zur Integration:

Herr Caemmerer
Tel.: 030/2604-2369
Herr Niemann
Tel.: 030/2604-2377

Frau Smala
Tel.: 030/2604-2358

Auskünfte über in der Ausländerarbeit tätige Einrichtungen:

Frau Mizrak
Tel.: 0 30/26 04-23 52
Frau Heyer
Tel.: 0 30/26 04-23 73
Herr Koenig
Tel.: 0 30/26 04-23 76

„Brauerei Wissmannstraße"
– Internationales
Begegnungszentrum Berlin –
Herr Pfützenreuter
Tel.: 0 30/26 04-23 59

Türkischsprachige Mitarbeiterinnen:

Frau Aktürk
Tel.: 0 30/26 04-23 56
Frau Wesenack
Tel.: 0 30/26 04-23 66

Frau Mizrak
Tel.: 0 30/26 04-23 53

Darüber hinaus gibt es in allen Berliner Bezirksämtern Ausländerbeauftragte.

Deutscher
Gewerkschaftsbund (DGB)
– Ausländerberatungsstelle
des DGB –
Keithstr. 1–3
1000 Berlin 30
Tel.: 0 30/21 91-0

Regionale Arbeitsstelle für
Ausländerfragen (RAA) e. V.
Schumannstr. 5
0-1040 Berlin
Leiterin: Anetta Kahane
Tel.: 0 30/2 82 30 79

Antirassistische Initiative e. V.
Yorckstr. 59
1000 Berlin 61
Tel.: 0 30/8 61 94 22

Brandenburg

Land Brandenburg
Ausländerbeauftragte
Frau Almuth Berger
Heinrich-Mann-Allee 107/Haus 8
0-1561 Potsdam
Tel.: 0 03 31/3 63 97/3 67 15

Stadt Cottbus
Ausländerbeauftragter
Herr Groba
Neumarkt 5
0-7500 Cottbus
Tel.: 03 55/71 50 40

Stadt Brandenburg
Stadtverwaltung Brandenburg
Ausländerbeauftragter
Herr Günter Patzelt
Neuendorfer Straße 8
0-1800 Brandenburg (Havel)
Tel.: 0 33 81/5 30-3 77

Landkreis Eberswalde
Kreisverwaltung Eberswalde
Ausländerbeauftragte
Herr Radtke/Frau Böttger
Straße der Jugend 42
0-1300 Eberswalde
Tel.: 0 33 34/6 40

Stadt Eisenhüttenstadt
Ausländerbeauftragte der
Stadtverwaltung
Frau Kathrin Heyer
Zentraler Platz
0-1220 Eisenhüttenstadt
Tel.: 03364/560

Stadt Frankfurt (Oder)
Ausländerbeauftragte
Dezernat Internationale
Zusammenarbeit
Frau Carmen Thiele
Beckmannstr. 25
0-1200 Frankfurt (Oder)
Tel.: 0335/326286

Regionale Arbeitsstelle für
Ausländerfragen (RAA) e. V.
Brandenburg
Dr. Hilde Schramm
Lotte Pulewka Str. 4
0-1595 Potsdam
Tel.: 0331/481008

Stadt Potsdam
Stadtverwaltung Potsdam
Ausländerbeauftragte
Frau Magdolna Grasnick
Friedrich-Ebert-Straße 79–81
0-1560 Potsdam
Tel.: 0331/352371

Bremen

Land Bremen
Zentralstelle für die Integration
zugewanderter Bürgerinnen und
Bürger
Frau Dr. Dagmar Lill
Knochenhauerstr. 20–25
2800 Bremen 1
Tel.: 0421/361-6835

Hamburg

Freie und Hansestadt Hamburg
Ausländerbeauftragter des
Hamburger Senats
Herr Günter Apel
Osterbekstr. 96
2000 Hamburg 76
Tel.: 040/2984-3382

Hessen

Stadt Frankfurt (Main)
Amt für multikulturelle
Angelegenheiten
Frau Rosi Wolf-Almanasreh
Stadtverwaltung Amt 10/M
Postfach 102121
6000 Frankfurt (Main) 1
Tel.: 069/2123-8765

Bad Homburg
Geschäftsführer des
Ausländerbeirats
Herr Gerhard Herbert
Marienbader Platz 1
6380 Bad Homburg
Tel.: 06172/100-228

Stadt Darmstadt
Ausländerreferent
Herr Dr. Joachim Lemelsen
Luisenstr. 12
6100 Darmstadt
Tel.: 06151/132-817

Stadt Kassel
Ausländerbeirat
Herr Helmut Schäfer
Rathaus
Postfach 10 26 60
3500 Kassel
Tel.: 05 61/7 87 80 27

Stadt Wiesbaden
Geschäftsführer des
Ausländerbeirates
Herr Willy Mihm
Kurt-Schumacher-Ring 2
6200 Wiesbaden
Tel.: 0 61 21/31 34 73

Mecklenburg-Vorpommern

Land Mecklenburg-Vorpommern
Ausländerbeauftragter des Landes
Mecklenburg-Vorpommern
Herr Winfried Rusch
Wismarsche Straße 133
0-2750 Schwerin
Tel.: 03 85/5 74-22 41/24 70

Hansestadt Greifswald
Ausländerbeauftragte
Frau Dr. Christine Wimmer
Rathaus
0-2200 Greifswald

Hansestadt Rostock
Ausländerbeauftragte
Sozialamt der Hansestadt
Frau Anne Korona
Friedrich-Engels-Straße 109
0-2500 Rostock
Tel.: 03 81/3 79 27 18

Bezirk Schwerin
Bezirksverwaltungsbehörde
Schwerin
Ausländerbeauftragte
Frau Diemann
Schloßstr. 2
0-2751 Schwerin
Tel.: 03 85/7 19-2 74

Stadt Schwerin
Magistrat der Stadt Schwerin
Abteilung Soziales
Ausländerbeauftragte
Frau Annette Köppinger
Johannesstr. 10
0-2750 Schwerin
Tel.: 03 85/8 12 44

Niedersachsen

Land Niedersachsen
Niedersächsisches Ministerium
für Bundes- und Europaangelegen-
heiten
Ausländerbeauftragte des Landes
Niedersachsen
Frau Gabriele Erpenbeck
Am Marstall 18
3000 Hannover 1
Tel.: 05 11/1 20-66 82

Stadt Braunschweig
Koordinierungsstelle für
Ausländerangelegenheiten
Sozialamt
Frau Doris Bonkowski
Am Fallersleber Tore 1
3300 Braunschweig
Tel.: 05 51/4 70-29 51

Stadt Göttingen
Geschäftsführerin des Ausländerbeirates
Frau Gabriele Mackenzie
Geismarlandstr. 4
3400 Göttingen
Tel.: 05 51/4 00-25 99

Stadt Hannover
Ausländerbeauftragte
Frau Urte Kempf
Postfach 125
3000 Hannover 1
Tel.: 05 11/1 68-52 72

Nordrhein-Westfalen

Stadt Bielefeld
Amt für Bürgerberatung
Leiterin des Ausländerbüros
Frau Elcin Kürsat-Ahlers
Neues Rathaus
Niederwall 23
4800 Bielefeld 1
Tel.: 05 21/51-34 03

Stadt Dortmund
Ausländerbeauftragter
Herr Dieter Grawer
Luisenstr. 11–13
4600 Dortmund 1
Tel.: 02 31/5 42-2 32 71

Stadt Düsseldorf
Koordinationsstelle für Fragen ausländischer Arbeitnehmer
Frau Gerda Püttmann
Willi-Becker-Allee 7
4000 Düsseldorf 1
Tel.: 02 11/8 99-35 29

Stadt Duisburg
Ausländerbeauftragter
Koordinierungsstelle für die Ausländerintegration
Herr Wilhelm Mittmann
4100 Duisburg 1
Tel.: 02 03/2 83-30 29

Stadt Essen
Geschäftsstelle für kommunale Ausländerangelegenheiten
Herr Günter Dercks
Trentelgasse 2
4300 Essen 1
Tel.: 02 01/88-45 35

Stadt Köln
Ausländerbeauftragter
Herr Friedemann Schleicher
Postfach 10 80 20
5000 Köln 1
Tel.: 02 21/2 21-31 22

Rheinland-Pfalz

Stadt Mainz
Landesbeauftragte für Ausländerfragen bei der Staatskanzlei
Frau Helga Gerigk
Peter-Altmeier-Allee 1
6500 Mainz 1
Tel.: 0 61 31/16-24 68

Stadt Ludwigshafen
Ausländerbeauftragter
Herr Martin Hägele
Hemshofstr. 69
6700 Ludwigshafen a. Rh.
Tel.: 06 21/5 04-25 75

Sachsen

Sächsischer Landtag
Ausländerbeauftragter des Landes Sachsen
Herr Heiner Sandig
Holländische Straße 4
8010 Dresden
Tel.: 0351/4855124

Stadt Chemnitz
Ausländerbeauftragter
Sozialamt
Herr Andreas Ehrlich
Weststr. 65
0-9005 Chemnitz
Tel.: 0371/34341

Stadt Dresden
Ausländerbeauftragte
Frau Schieferdecker-Adolph
Dr.-Külz-Ring 19
8010 Dresden
Tel.: 0351/4882351

Regierungsbezirk Leipzig
Regierungspräsidium Leipzig
Ausländerbeauftragte
Frau Maria Diersch
Karl-Liebknecht-Str. 145
7030 Leipzig
Tel.: 0341/3992-2461

Stadt Leipzig
Ausländerbeauftragter
Herr Stojan Gugutschkow
Rat der Stadt/Neues Rathaus
7010 Leipzig
Tel.: 0341/7912690

Sachsen-Anhalt

Land Sachsen-Anhalt
Ausländerbeauftragter des Landes Sachsen-Anhalt
Herr Wolfgang Kupke
Wilhelm-Höpfner-Ring 4
0-3037 Magdeburg
Tel.: 0391/6613600, App. 169

Stadt Halle
Ausländerbeauftragter
Herr Manfred Woitinas
Platz der Völkerfreundschaft 6
0-4070 Halle (Saale)
Tel.: 0345/7612288/301

Schleswig-Holstein

Stadt Kiel
Stadtverwaltung Kiel
Ausländerreferentin
Frau Stephanie Rothenburg-Unz
Rathaus
2300 Kiel 1
Tel.: 0431/9012430

Thüringen

Thüringer Senatskanzlei
Ausländerbeauftragter des Landes Thüringen
Herr Eckehard Peters
Johann-Sebastian-Bach-Str. 1
0-5020 Erfurt
Tel.: 0361/579503/04

Stadt Erfurt
Ausländerbeauftragte des Magistrats der Stadt Erfurt
Frau Ruth Kallenbach
Trommsdorfer Str. 1 a
0-5020 Erfurt
Tel.: 0361/23874

Landkreis Jena
Ausländer- und Aussiedlerbeauftragte des Landratsamtes Jena
Frau Dr. Kristina Nowak
Unterm Markt 4
0-6900 Jena
Tel.: 03641/587258

Stadt Weimar
Ausländerbeauftragter des Magistrats der Stadt Weimar
Herr Michael Hugo
Markt 15
0-5300 Weimar
Tel.: 03643/762465

Die Autoren

Wolfgang Benz, geboren 1941, Historiker. Von 1969 bis 1990 Mitarbeiter des Instituts für Zeitgeschichte, Mitgründer und Mitherausgeber der Zeitschrift „Dachauer Hefte. Studien und Dokumente zur Geschichte der nationalsozialistischen Konzentrationslager“, seit November 1990 Professor an der TU-Berlin und Leiter des Zentrums für Antisemitismusforschung. Veröffentlichungen zur Geschichte des Nationalsozialismus, zur Bundesrepublik und zur deutsch-jüdischen Geschichte.

Sabine Berloge, geboren 1952, Studium der Germanistik, Politologie und Soziologie. Lebt nach längeren Auslandsaufenthalten in Berlin. Veröffentlichungen vor allem zu folgenden Themen: deutsche Nachkriegsmigrantinnen in Australien; Exil; bikulturelle Identität; Multikulturalismus.

Hans-Michael Bernhardt, geboren 1949 in Potsdam, Studium der Germanistik, Pädagogik und Geschichte, seit 1973 Lehrer in Kreuzberg, z. Zt. Promotion über die Emanzipation der Juden in Mecklenburg. Studien zum Feindbild „der Jude“ im Kaiserreich und über jüdische Kommunalvertreter in Frankfurt a. Main im 19. Jahrhundert.

Mira Erceg, geboren 1945 in Sanski Most (Bosnien-Herzegowina), Regiestudium an der Theater-Hochschule GITIS in Moskau, von 1970 bis 1980 fest engagiert am Ostberliner Theater der Freundschaft, Gastinszenierungen in der DDR, in Belgien und der Bundesrepublik, seit 1983 überwiegend an jugoslawischen Theatern als Regisseurin tätig (Belgrad, Sarajewo, Novi Sad, Ljubljana), seit 1991 wieder in Berlin.

Heide Heimpel, geboren 1937 in Göttingen, Studium der Volkswirtschaft, Philosophie, Pädagogik, Geschichte und Germanistik, seit 1975 Lehrerin in Berlin, Veröffentlichung über die Situation ausländischer Schüler in ‚Westermanns Monatsheften‘ 1980.

Hannemor Keidel, geboren 1943, Dr. phil., Politologin, wissenschaftliche Mitarbeiterin am Institut für Sozialwissenschaften der TU München. Veröffentlichungen zu folgenden Themen: Internationale Beziehungen, Rundfunkorganisation in der Bundesrepublik, europäische Medienentwicklung (speziell Fernsehen und Film in Europa) und, zusammen mit Irma Hanke (Hrsg.): Unruhe ist die erste Bürgerpflicht. Baden-Baden 1988.

Monika Körte, geboren 1965 in Kanada, Studium der Germanistik, Psychologie und Soziologie in Frankfurt a. M. und Berlin. Seit 1991 studentische Mitarbeiterin am Zentrum für Antisemitismusforschung.

Frauke Meyer-Gosau, geboren 1950, Literaturwissenschaftlerin und Publizistin in Berlin; Redakteurin der Zeitschrift „TEXT + KRITIK", Veröffentlichungen vor allem zur deutschsprachigen Gegenwartsliteratur, insbesondere zur Literatur der DDR, u. a.: zusammen mit Heinz-Ludwig Arnold (Hrsg.): Rückblicke. Literatur in der DDR. München 1991; MachtApparatLiteratur. Literatur und „Stalinismus". München 1990; Die Abwicklung der DDR. Göttingen 1992.

Jörg Passoth, geboren 1943, Theologiestudium in Marburg und Heidelberg, Zusatzausbildungen u. a. in Sozialpädagogik und Gruppendynamik, 1974 bis 1981 Religionslehrer, seit 1982 Gemeindepfarrer in Berlin, seit 1984 mit dem Schwerpunkt Flüchtlingsarbeit im Rahmen des Arbeitskreises „Asyl in der Kirche".

Hans Sarkowicz, geboren 1955, Studium der Germanistik und Geschichte, Kulturredakteur beim Hessischen Rundfunk, veröffentlichte Bücher und Aufsätze zum Thema Rechtsradikalismus und Neue Rechte, u. a.: zusammen mit Kurt Hirsch: Schönhuber. Der Politiker und seine Kreise. Frankfurt a. M. 1989; zusammen mit Thomas Assheuer: Rechtsradikale in Deutschland. Die Alte und die Neue Rechte. München 1992.

Angelika Schardt, geboren 1966 in München, Studium der Politikwissenschaften und Geschichte an der Universität München. 1990 Magisterarbeit zum Thema Jüdische „Displaced Persons" im Lager Föhrenwald, seit 1992 Doktorandin am Zentrum für Antisemitismusforschung.

Hilde Schramm, geboren 1936, Soziologin und Erziehungswissenschaftlerin, Promotion und Habilitation in Berlin, zudem aktiv in der Friedens- und Frauenbewegung. 1985 bis 1987 und 1989 bis 1990 Mitglied der Fraktion der Alternativen Liste im Abgeordnetenhaus von Berlin, z. Zt. Leiterin der Regionalen Arbeitsstelle für Ausländerfragen e. V. in Potsdam.

Leylâ Schulzke, geboren 1946 in Uzunköprü/Türkei, Lehrerstudium an der Pädagogischen Hochschule Istanbul, seit 1971 Lehrerin für türkische Kinder in Berlin.

Juliane Wetzel, geboren 1957 in München, 1987 Promotion in Geschichte und Kunstgeschichte in München. Von 1987 bis Anfang 1991 Mitarbeiterin am Institut für Zeitgeschichte, und seitdem als wissenschaftliche Mitarbeiterin tätig am Zentrum für Antisemitismusforschung, Berlin. Veröffentlichungen zum Thema Jüdische Verfolgungs- und Nachkriegsgeschichte und zum Rechtsextremismus.

Buchanzeigen

Wolfgang Benz im Verlag C. H. Beck

Wolfgang Benz (Hrsg.)

Die Juden in Deutschland

Leben unter nationalsozialistischer Herrschaft
Unter Mitarbeit von Volker Dahm, Konrad Kwiet, Günter Plum, Clemens Vollnhals, Juliane Wetzel.
3., durchgesehene Auflage. 1993.
779 Seiten mit 27 Abbildungen. Leinen

Wolfgang Benz (Hrsg.)

Das Exil der kleinen Leute

Alltagserfahrungen deutscher Juden in der Emigration
1991. 344 Seiten. Leinen

Wolfgang Benz (Hrsg.)

Neuanfang in Bayern 1945–1949

Politik und Gesellschaft in der Nachkriegszeit
1988. 234 Seiten. Broschiert

Alfred Heller

Dr. Seligmanns Auswanderung

Der schwierige Weg nach Israel
Herausgegeben von Wolfgang Benz.
1990. 354 Seiten mit 2 Abbildungen. Paperback
Beck'sche Reihe Band 414

Wolfgang Benz/Hermann Graml (Hrsg.)

Biographisches Lexikon zur Weimarer Republik

Sonderausgabe. 1993. 392 Seiten. Broschiert

Verlag C. H. Beck München